JN188436

データ
マネタイゼーション

企業の情報資産で稼ぐための教科書

日本経済新聞社
三木朋和

株式会社クニエ
天野秀俊

編著

日本経済新聞出版

はじめに

　あなたの会社や組織には、存在があまり知られないまま保管・蓄積され続けているデータがないだろうか。

　顧客との取引記録や従業員に関する情報、製造設備の検査結果、マーケティングの効果測定——など、データは多くの業務活動によって、日々作られる。あらゆるモノがネットにつながる「IoT」機器が生み出す大量のデータなども加わり、企業が蓄積するデータは今この瞬間も増え続けている。

　その多くは業務の改善などに役立てられるものの、中にはシステムの奥底に埋もれるデータも出てくる。社内での価値が認識・共有されないまま漫然と放置されたり、定期的に更新されるものの、その目的や存在意義が曖昧なまま停止や廃棄に至らないケースなど、データが埋もれるには様々な理由があるだろう。長く事業を続ける企業や、多様なビジネスを展開していたり、デジタル化が進んだ企業であれば、なおさら思い当たる節があるかもしれない。

　そのままでは使い道に乏しく、保管や運用、セキュリティー対策といったコストをまかなえない「埋もれたデータ」。掘り起こして新たな加工や分析を加えることで、新たな企業の「資産」として課題解決や成長に結びつけることは可能だろうか。

　答えはイエスだ。

　1つの解は、データから得られる知見を経営課題の解決や素早い意思決定に生かす「データドリブン経営」だ。多くの企業が取り組むデジタルトランスフォーメーション（DX）戦略において、社内に蓄積されたデータの活用は重要な経営テーマの1つだ。一部の先進企業では、社内全体で利用できるデータの分析基盤の構築や、データ分析の

専門家であるデータサイエンティストの採用・育成なども進んでいる。

　そしてもう1つの解が、本書のタイトルである「データマネタイゼーション」である。聞きなれない言葉だが、英語のスペルでは「Data Monetization」で、「データで稼ぐ」こととほぼ同義と言ってよい。

　企業や組織がデータを単にためこむのではなく、社外に販売して収入を得たり、自社の経営改善に活用したりするなどして、新たな価値の創造につなげる取り組みを指す。多くの企業が社内にデータを保有している現在、データマネタイゼーションのチャンスは、業種や規模を問わず幅広い企業に広がっている。

●

　とはいえ、一言でデータマネタイゼーションといっても、具体的なイメージがわかなかったり、自社に当てはめた際に、次のような疑問が頭をよぎるケースもありそうだ。

・「虎の子」であるはずの自社データを社外に売ってしまって、本当に大丈夫なのだろうか。
・そもそも社内に分散するデータの全てを一元的に把握するのは不可能ではないのか。
・データは自社の製造や取引に特化した形式で作っており、見直しに必要な費用や手間に見合うメリットはあるのか。
・どんな組織や人員を担当に据えればよいのか。
・仮にデータビジネスを新事業として展開する場合、既存の事業とのすみわけはどうすべきか。
・パーソナルデータをマネタイズしたいが、個人情報保護に関する規制の厳格さが増すなかでサービスをどう設計すべきか。
・実際にデータを販売するとして、売り先をどのように見つければよ

いのだろう。

・いったい何をどこから、どのように手をつければよいのか見当もつかない——。

　データマネタイゼーションの入門書である本書では、こうした多くの疑問に答える実践的な解説を試みた。取り巻く環境の著しい変化に対応し、最新の潮流や事例も多く紹介している。

　これまでデータマネタイゼーションの幅広い範囲をカバーしている書籍は特に海外では多く出版されてきたが、日本ではあまり増えてこなかったようである。データマネタイゼーションの普及には、そうしたノウハウの共有や浸透が不可欠と考え、本書では実際に準備や導入、運用を進めるうえで役に立つ情報を、できるだけ平易な表現かつ幅広い観点で紹介する。データがもたらす新たなビジネスチャンスと、そこに至る道筋を示すことも本書の目的の1つだ。

　すでにデータは、現代社会における重要資源として欠かせない存在だ。企業の持つデータの価値もまた膨大であり、知的財産などを評価する米オーシャン・トモの試算では、米主要企業の株式時価総額の約9割はデータなどを含む無形資産に由来しているという。データマネタイゼーションとは、そうした無形資産の価値の最大化を目指す1つの試みでもある。

　米スタンフォード大学のリチャード・ダッシャー教授は、デジタル化による第3次産業革命（第1次は機械化、第2次は大量生産）の次に来る第4次は、デジタル化による新たな価値の創造になると2000年代前半に指摘した。データマネタイゼーションがもたらす価値創造がどれほどか、もうすぐ明らかになる。

■本書の構成

　本書はデータに関わる全ての人を対象とするデータマネタイゼーションの入門書だ。企業の情報資産で稼ぐために必要な情報を5つの章で紹介していく。

　第1章「データマネタイゼーションの実像」では、豊富な事例とともにデータマネタイゼーションの潮流を明らかにし、現在に至る歴史を振り返る。取り巻く環境や、影響の大きいテーマを取り上げながら、今後の姿を探る。

　第2章「データマネタイゼーションの点検」では、導入に向けた準備段階として、企業が保有するデータの種類や、分析などの活用法を紹介する。データマネタイゼーションに取り組む意義や実践的なポイントも示す。

　第3章「データマネタイゼーションはいろいろ」からは、導入に向けた実践編だ。自社の事業における位置づけや、新規事業として取り組む場合のパターン、データによる価値の提供方法などを解説する。自社のデータマネタイゼーションがどのパターンになるかを確認しながら読み進めてほしい。

　第4章「データマネタイゼーションを成功に導く」では、過去の事例の分析でわかったノウハウを「勝ちパターン」として紹介。自社の悩みや課題の解決につながるヒントを示す。

　最終章となる第5章「方法論としてのデータマネタイゼーション」では、特に初期段階で重要になる5段階のフェーズを詳しく紹介する。アイデアの抽出から、事業計画を立てて、成長に結びつけるプロセスを、順を追って詳細に示した。

データマネタイゼーションの実像

第1章ではデータマネタイゼーションを理解するために欠かせない、
取り巻く環境や歴史的な経緯、様々な実例、
影響を与える要因などの多角的な見方を紹介する。

第1節 データマネタイゼーションとは何か

本節ではデータマネタイゼーションの基礎編として、定義や事例を示す。企業の意識の変化や市場規模などの潮流を解説していく。

データマネタイゼーションは、以下のように、狭義と広義に定義できる。

> **狭義：企業などの組織がデータにより顧客に価値を提供して対価を得ること**
>
> **広義：狭義に加えて、業務の高度化・効率化により収益や財務の面で貢献すること**

狭義の「データにより顧客に価値を提供して対価を得ること」は、企業などの組織が内部のデータをただ蓄積するのではなく、社外に販売して収益を得たり、データを活用した新規のサービスを始めたりといった取り組みを指す。

そうした新たな収益源の創出に、業務の高度化・効率化を加えたものが、企業におけるデータ活用の取り組みだ。データマネタイゼーションについては、そうしたデータ活用と全く同じと考える解釈もあるが、本書では広義の定義として、狭義の活動に「社内業務の高度化・効率化により収益や財務の面で貢献すること」を加えたものとした。

たとえば、ある会社がデータ活用によって全体における作業の時間が減ったとする。収益や財務面でのプラスがあれば広義のデータマネタイゼーションに当たるが、仮に従業員がお茶を飲む時間を増やした

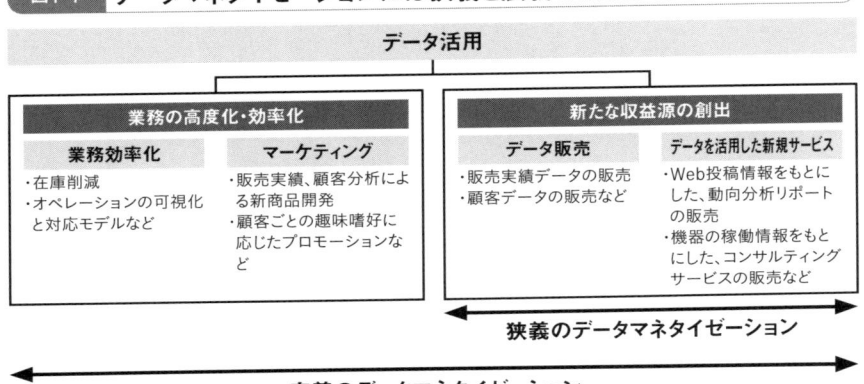

図1-1　データマネタイゼーションには狭義と広義の定義がある

データ活用

業務の高度化・効率化

業務効率化
・在庫削減
・オペレーションの可視化
と対応モデルなど

マーケティング
・販売実績、顧客分析による新商品開発
・顧客ごとの趣味嗜好に応じたプロモーションなど

新たな収益源の創出

データ販売
・販売実績データの販売
・顧客データの販売など

データを活用した新規サービス
・Web投稿情報をもとにした、動向分析リポートの販売
・機器の稼働情報をもとにした、コンサルティングサービスの販売など

狭義のデータマネタイゼーション

広義のデータマネタイゼーション

（「業務の高度化・効率化」において、収益に貢献する取り組みは広義のデータマネタイゼーションに含める）

（出典）クニエ

だけだった場合は対象外になる。

　デジタル化によるデータ活用が進むまでの間、データはいわば本業の副産物という位置づけだった。利用用途も社内にとどまっていたが、そうしたデータに加工や分析などの付加価値を加えることで、社外に販売したり、次の成長を担う新規事業として育てることも可能になった。

　どんな企業でも、規模や業種に関係なく、ニーズさえあればいつでもデータマネタイゼーションに打って出る環境が整いだしたといえる。たとえば下記のようなケースだ。

◎部品メーカーが自社工場から得たデータでマネタイズ

　部品メーカーのA社は各地に自社工場を持ち、製造設備の制御機器などから定期的に計測データを取得していた。それらは長年、主に

生産効率の向上や品質管理の確認などに使われていた。

　その後A社は、あらゆるものがネットでつながる「IoT」センサーを製造設備に設置。稼働状況や消費電力などの詳細なデータを収集してリアルタイムでモニタリングできるシステムを構築し、異常の即時検知が可能となった。

　各種センサーから収集したデータをクラウド上に保存し、機械学習を用いて詳しく分析したところ、予防保守の最適化や生産ラインのボトルネック解消につながるインサイト（示唆）が得られた。

　A社はそれらのデータと分析結果によって自社工場の稼働率向上やコスト削減につなげるとともに、データマネタイゼーションの新たな事業をスタートさせた。設備の異常検知や寿命のデータを、保守運用業務に役立つとして自社のサプライヤーに販売。それらのデータは素材メーカーの新製品開発にも使われた。

　また自社のデータ活用で得たノウハウを工場のDX化を進めたい企業にソリューションとして提供したほか、関連のソフトウエアの開発も手掛けて、従来の製造業からデジタル企業に業容を広げた。

◎食品スーパーが店舗のPOSデータを使ってマネタイズ

　複数の食品スーパーを展開するB社は、各店舗のPOS（販売時点情報管理）システムを通じてデータを収集している。在庫管理や売り上げ分析に欠かせないこれらのデータを、新たに導入した解析ツールを用いて商品や時間帯、顧客属性などに分類して詳しく調べた。さらに社外から天候や人口動態などのデータを購入してそれらと組み合わせることで、より詳しい顧客の購買行動や売れ筋商品の予測が可能となった。

　B社は既存事業のサプライヤーである食品メーカーを対象に、

POSデータをマネタイズした新たなマーケティング支援事業を始めた。販売促進のキャンペーンに合わせた最適な製造計画や、地域ごとの消費者ニーズに合った商品ラインナップの見直しなどを提案する。

　B社はデータマネタイゼーションによる新規事業の確立とともに、オンラインストアや食材配送サービスも展開。本業におけるリピーターの確保も進めている。

◎バス会社が運行データを使ってマネタイズ

　地方都市にバス路線を持つC社は、バスの運行データや乗客の利用状況をデータの形で蓄積していたが、社内でもあまり使い道がなかった。

　バスに全地球測位システム（GPS）機器などを設置し、リアルタイムの運行状況や乗客数・乗降地点などを把握するシステムを導入したところ、効率的な運行ルートの確立や混雑の回避などが可能となった。また近隣で開かれるイベントや天気などの外部データと組み合わせることで、独自の運行予測モデルを構築できた。

　C社は、乗客の満足度低下などの経営課題に直面していたが、データ活用がそれらを乗り越える突破口となった。道路の渋滞などに左右されるバスの運行をリアルタイムで示すアプリを提供し、顧客満足度の向上につながった。

　さらにバスの車内やバス停に設置したデジタルサイネージ広告による新サービスも開始。広告主に対して、ターゲティング広告に効果的な路線や時間帯を提案した。

　都市計画の見直しや交通インフラの改善を目指す地方自治体や民間企業に向けては、交通路線の検討や渋滞緩和につながるデータの提供も始めた。C社は広告ビジネスの展開に加えて、データ提供による自

治体との連携強化や信頼性・ブランド価値の向上を図ることができた。

　以上は、実例をもとにした、架空の企業によるケーススタディーだ。データマネタイゼーションのすそ野は各所で広がっている。

●

　企業におけるデータマネタイゼーションへの意識も変わりつつある。PwCコンサルティングの実態調査によると、企業や組織でデータマネタイゼーションを実現できているとの回答は2024年に24.5％となり、前の年の9.1％から大きく増えた。さらに社外のデータを活用したり自社データと組み合わせるといった、より多様な取り組みも進んでいる。

　今後も「規制への対応などをきっかけに、業界全体でデータを連携していこうとする動きがある」（PwCコンサルティング）とみられ、経営判断の選択肢としてデータマネタイゼーションを意識する企業は増えていく見通しだ。

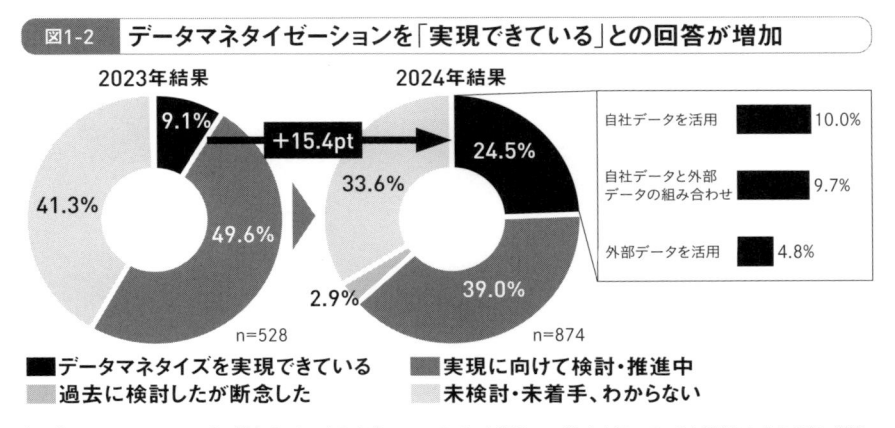

図1-2　データマネタイゼーションを「実現できている」との回答が増加

2023年結果　9.1%　41.3%　49.6%　n=528
+15.4pt
2024年結果　24.5%　33.6%　2.9%　39.0%　n=874

自社データを活用　10.0%
自社データと外部データの組み合わせ　9.7%
外部データを活用　4.8%

■ データマネタイズを実現できている　　■ 実現に向けて検討・推進中
■ 過去に検討したが断念した　　■ 未検討・未着手、わからない

（出典）PwCコンサルティング　（注）データマネタイゼーションやデータ流通のいずれかを知っていると回答した人を対象に質問

データマネタイゼーションの世界市場は、成長が続く公算が大きい。データ販売に関する分野に限っても、2024年で41.7億ドルの市場規模は2029年には103.5億ドル、2035年には308.1億ドルに成長すると試算される。

　既存事業への収益貢献や、新規事業におけるソリューションなどのサービス展開などを含めると、データマネタイゼーションの市場は、さらなる規模の拡大が見込まれている。

| 図1-3 | データマネタイゼーションの世界市場は拡大すると見込まれている（データ販売に関する分野） |

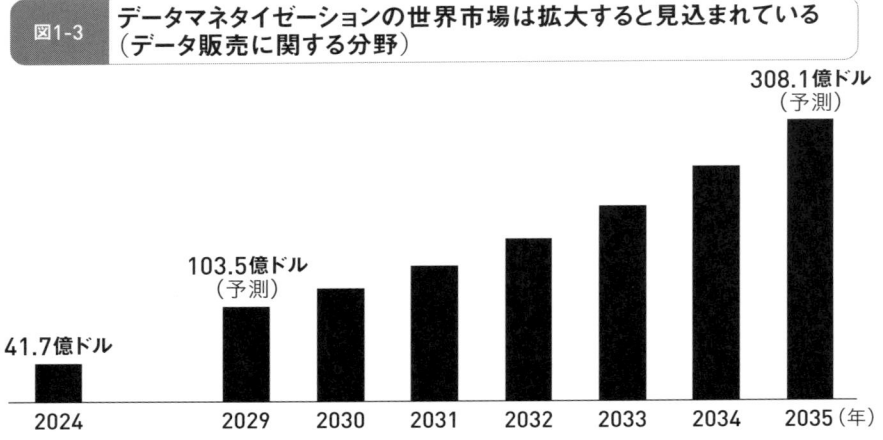

（出典）Mordor Intelligence「Data Monetization Market Size & Share Analysis - Growth Trends & Forecasts (2024 - 2029)」
（注）2030 〜 2035年の数値は、Mordor Intelligenceが算出した2024 〜 2029年のCAGR19.94%をもとに、クニエが試算

第2節 | 主な事例と「3つの観点」

　本業で得たデータをもとに新たな事業を展開する企業が増えてきた。本節では内外の主な事例を紹介し、データマネタイゼーションを顧客企業・データの取得方法・種類の「3つの観点」に分類して解説する。

　データマネタイゼーションの事例として、NTTドコモの「モバイル空間統計」と住友化学の「ビオンド（Biondo）」を取り上げる。いずれも本業や研究開発などで得られたデータ・知見などの無形資産をベースに、新たなデータビジネスの創出につなげている。

NTTドコモ「モバイル空間統計」

　モバイル空間統計は、ドコモの基地局で定期的に把握している携帯電話の位置情報と、各エリアにおけるドコモの普及率から求めた人口

図1-4　モバイル空間統計のイメージ

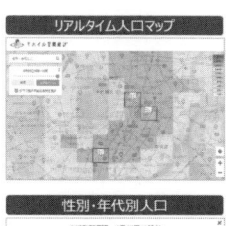
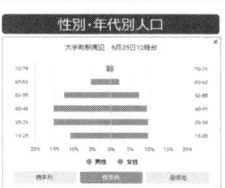
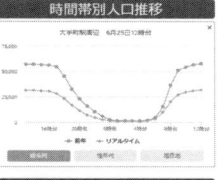
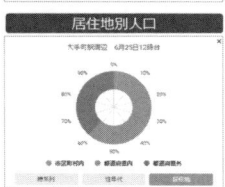

（出典）ドコモ・インサイトマーケティング

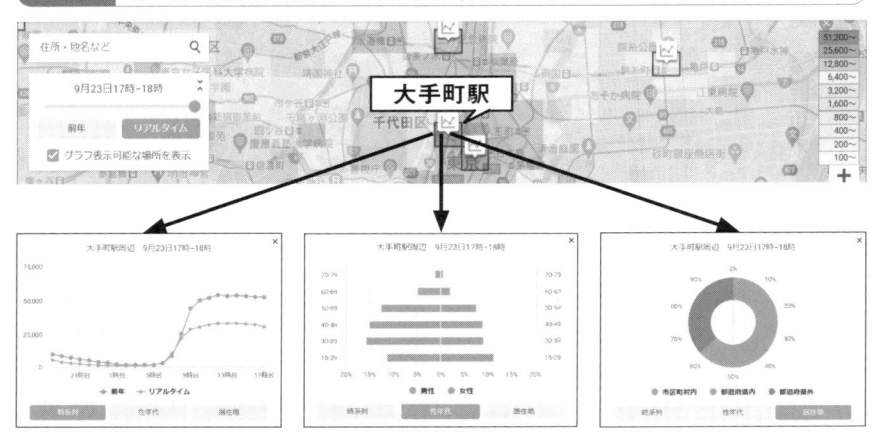

図1-5　モバイル空間統計 人口マップ（例は東京・大手町駅周辺）

(出典)ドコモ・インサイトマーケティング

推計サービスだ。年代や性別、居住地別の人口や人流を1時間単位で推計する。

　携帯電話サービスを利用できる端末（国内居住者約8700万台、訪日外国人約1200万台[1]）が対象で、サンプル数の多さと、携帯電話の契約者情報がもとになっているためデータの信頼性が高い点が特徴だ。他社回線を借りる「ローミング」を抽出してインバウンド（訪日外国人）の動きを分析することも可能だ。

　同業者とともに、こうした人流データが耳目を集めたのは、2020年以降の新型コロナウイルス禍だ。各地の緊急事態宣言やまん延防止等重点措置などの効果を測るため、オフィス街や繁華街、観光地などの人出を推計する人流データが連日報道されたのは記憶に新しい。

　その他、人流データは新店出店のプロモーション効果測定といったマーケティングや、自治体の防災計画など幅広い分野で使われている。

住友化学「Biondo」

　住友化学のBiondoは、植物や動物などに由来する天然素材の売り手と買い手をつなぐデータのプラットフォームだ。売り手が持つ、素材に含まれる機能性成分などの価値を住友化学が網羅的に分析し、データベースに登録。欲しい成分を検索した買い手と、売り手をマッチングできる。

　自社で扱う農産物などの新たな付加価値を見出したい企業や、残渣が発生する食品会社などが売り手として住友化学に分析を依頼。6週間程度で素材に含まれる機能性成分などがフィードバックされて、同時にデータベースにも登録される。住友化学やグループにおける化学や医薬品開発で培った高度な技術により、一度の分析で約200種類

図1-6　住友化学「Biondo」の画面イメージ

（出典）住友化学

の成分のおおよその含有量がわかるという。

　買い手としては、SDGs（持続可能な開発目標）やフードロス対策などで活用可能な未利用資源を探す企業や、素材に含まれる新たな機能性を求める健康食品や化粧品関連企業なども想定する。

　先行する海外では、米アマゾン・ドット・コムや中国のアント・グループなどがデータマネタイゼーションを大規模に展開している。一種の社会基盤として機能している事例も珍しくない。

アマゾン「アマゾンレンディング」

　アマゾンが同社に出店する中小の販売企業向けに融資する「アマゾンレンディング」では、アマゾンの出店企業が抱える品揃えの拡充や販促、在庫管理といった資金ニーズに対して、プラットフォームを提供するアマゾン側が融資役を担う。

　アマゾンの持つ販売企業の売り上げや在庫データなどが与信情報となる点でユニークな取り組みといえる。

アント・グループ「芝麻信用」

　中国のアリババ集団傘下の金融会社アント・グループが手掛ける「芝麻（ジーマ）信用」の信用スコアは、決済サービス「支付宝（アリペイ）」などの利用履歴のほか、学歴や職歴、住宅などの資産保有状況などの情報をスコア化して個人の信用を格付けしている。

　中国で個人の信用スコアリングサービスの1つとして幅広く用いられている、多様なデータをもとにしたデータマネタイゼーションの一事例だ。

　これまでのデータマネタイゼーションの多くは、大企業によるものだった。本業から得られるデータの総量が多く、質の確保に必要な社内体制の構築や法的・セキュリティーなどの面でも、大企業は中小企業と比べて一般的に有利だ。しかし技術の進展などを背景に、徐々に中小にも以下のようなデータマネタイゼーションが広がっている。

測量関連（実際のビジネスを参考とした想定例）

　測定車の計測値とコネクテッドカー（つながる車）から取得したタイヤの回転状況などのデータを組み合わせて、道路の舗装管理向けサービスを始めた。

センサー販売（同）

　商業施設などに設置した自動ドアのセンサーから得た入出データと、POSデータなどを組み合わせて店舗用の分析データサービスを展開した。

■顧客企業・データの取得方法・種類の3つの観点で分類

　データマネタイゼーションを大きく分類すると、主な観点は下記の3つになる。

①顧客企業
②データの取得方法
③データの種類

①顧客企業

顧客となる企業は主に、「既存事業の顧客企業」「同じサプライチェーン（供給網）にある企業」「同じテーマの顧客課題に対する企業」の3種類に分けられる。

図1-7　顧客企業

既存事業の顧客企業

本業などの既存事業で顧客となっている企業に、データで新しい価値を提供する

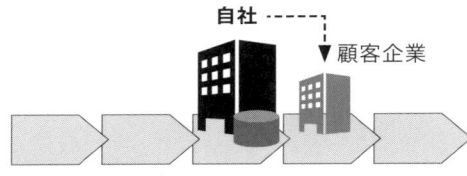

既存事業のサプライチェーン
(出典)クニエ

データマネタイゼーションで価値を提供する相手先企業が、すでに本業の顧客であるというケースは珍しくない。データの売り手、買い手の双方にとって、お互いの事情がわかる点はメリットといえる。

たとえば自社が手掛ける市場の出店企業の販売・在庫情報などをもとに審査や融資をする「トランザクションレンディング」などがある。

同じサプライチェーンにある企業

自社が属するサプライチェーンにある川上・川下企業が対象

i　川上企業への提供（需要予測など）
ii　川下企業への提供（利用状況など）

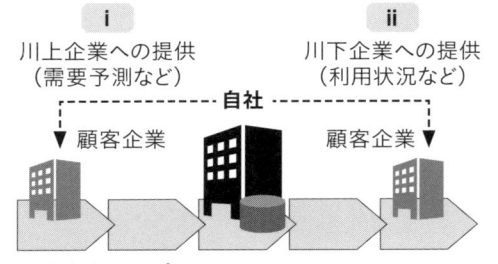

既存事業のサプライチェーン
(出典)クニエ

データマネタイゼーションの対象が、自社と同じサプライチェーンに属する企業である場合は、自社から見て川上に位置する企業には需要予測、川下の場合は利用状況などのデータが主に候補となる。

たとえば、食品スーパーが

卸企業や食品メーカー向けに販売データを提供したり、輸送機器メーカーが車体に設置したセンサーから得た運行データを操縦者の教育に役立てるなどのケースがある。

同じテーマの顧客課題に対する企業

自社の既存事業において解決を目指す課題と、同じテーマの解決を目指す企業

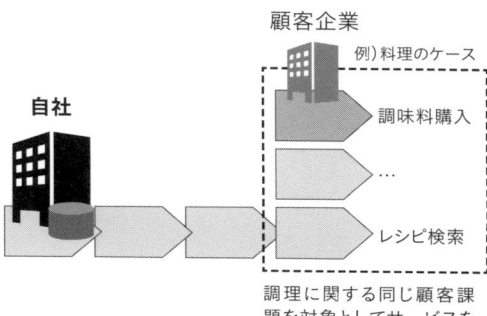

（出典）クニエ

自社がデータで既存事業における課題を解決した場合、得られた知見やデータは、同種の経営課題を抱える企業にとって参考になるだろう。

たとえば「料理」を例にとると、レシピサイトにおける検索結果のデータは、企業がどの調味料を購入するかの判断材料となりうる。

図1-8　データの取得方法

自社データのみ

本業などの既存事業から取得した、自社が保有するデータのみを活用する

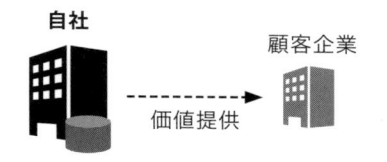

（出典）クニエ

②データの取得方法

データを取得する方法は、主に「自社データのみ」と、外部からの購入分などを含めた「他社と連携」の2つの形がある。

自社が保有するデータのみでデータマネタイゼーションを手掛けるケースは、本業などの既存事業から得たデータが対象で、現在の

既存事業の顧客企業

クローズド型の連携	オープン型の連携
特定の顧客に向けた、異なるサービサーのデータで、価値を創造するパターン	企業を特定せず、データを共有したい企業であれば、どの企業でも参加が可能なパターン

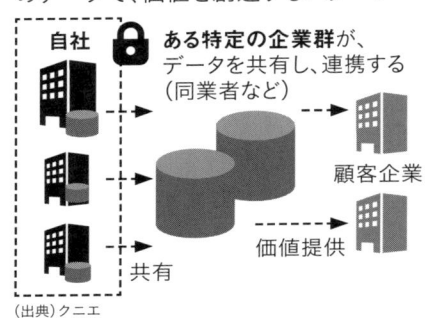

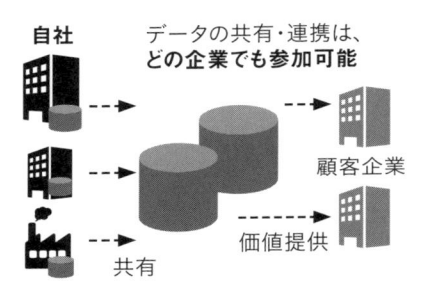

(出典)クニエ

データマネタイゼーションの主流ともいえる。

　自社の保有データだけでなく、外部から導入したデータを用いるケースでは、同じ業界の企業などに限定したクローズド型と、どんな企業でも参加できるオープン型の連携がある。

③データの種類

　データの種類は、表形式などで整っている「構造化データ」と、様々な種類や形式がある「非構造化データ」の大きく2つに分けられる。

　構造化データは表形式などの特定のルールに基づいて整形されている。

　たとえばマイクロソフトの表計算ソフト「エクセル」のファイル形式や、テキストファイルの一種であるCSVファイルなどだ。

　数値や記号などの形式や構造が揃えられているため、利用者にとって扱いやすいデータといえる。

　非構造化データは、自由フォーマットで特定の整形がされていないテキストデータや、動画や画像、音声などのデータなども含まれる。

図1-9　データの種類

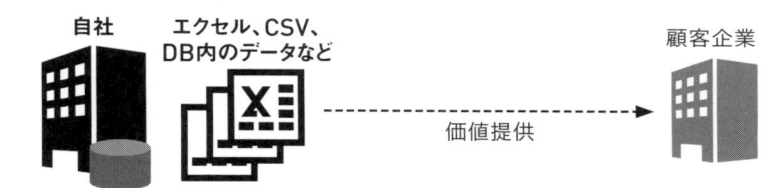

構造化データ

データが数値や記号などの特定の形式・構造に従い、
行と列の表形式などで保存・整理されている

自社　　エクセル、CSV、DB内のデータなど　　　　顧客企業

価値提供

分析することを事前に定義された
数値や記号などを用いて、
保存・整理されたデータ

(出典)クニエ

非構造化データ

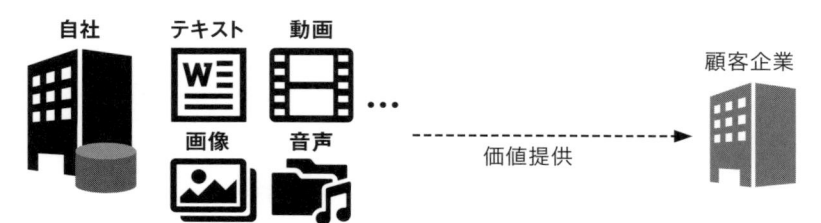

整形などの処理がされていない自由フォーマットのデータ。
テキストデータや動画、画像、音声データなど

自社　テキスト　動画　　　　顧客企業

…

価値提供

事前の定義や整形、処理などが
されていないデータ

(出典)クニエ

第3節 | これまでの歩み

　本節ではデータマネタイゼーションが生まれた歴史的経緯や取り巻く環境の変化を解説する。現在を「データマネタイゼーション3.0」の段階と位置づけて、そこに至る「1.0」「2.0」を支えた技術やサービス、データなどを振り返る。

■データマネタイゼーションの幕開け　（1960年代～1995年）

　現在にもつながるデータマネタイゼーションの原型が誕生したのは1960年代ごろとされる。

　米IBMやNEC、日立製作所、富士通などの大型コンピューターが普及し、企業の基幹業務の合理化が進んだ。データの分野でもリレーショナルデータベース（RDB）や、統計学を駆使した分析手法などが登場した。

　今日のデータサイエンスやデジタルトランスフォーメーション（DX）にも通ずる要素が揃い出した時期として、本書では1995年ごろまでを「データマネタイゼーション1.0」と定義したい。

　そして、続く「2.0」に進むには、さらに多くのイノベーション（技術革新）を待つ必要があった。

　企業活動などを通じて生まれたデータの蓄積・活用も一部で始まったものの、初期のデータ保存は磁気テープなどが主流で、本格的にデータを活用するには多くの時間と労力が必要だった。分析の主眼も、財務データの社内利用や、投資家の分析などが中心で、用途が絞られ

ていた。

　そのため当時、データマネタイゼーションにおける価値提供を担ったのは新聞社や調査会社など、目的をもって収集したデータ（一次情報）を販売できる企業が中心だった。日本経済新聞社は、1970年に経済データサービス「NEEDS」、1984年にビジネス情報サービス「日経テレコン」の提供を開始している。

■転換期、ビッグデータに注目 （1995年〜2015年）

　パソコンやインターネット、スマートフォンなどが広く普及し、個人でも膨大な情報にアクセス可能となった「ウェブ1.0」の時期にあたる。世紀の変わり目に起きたインターネットバブルや、その後の巨大プラットフォーマーの急成長でビッグデータに注目が集まった。

　データを、以前の経済成長を牽引した石油になぞらえた「Data is the new oil」（データは新たな石油）という言葉が喧伝され、ビッグデータを分析するデータサイエンティストを米誌が「21世紀で最もセクシーな職業」と呼ぶなど、データの重要性に光が当てられた。

　データマネタイゼーションにおいても、EC事業者によるデータを活用したパーソナルデータ、レシピサイトによる検索データの提供サービスなどの新ビジネスが相次ぎ登場した。

　データマネタイゼーションにおける「2.0」の到来だ。ただ、依然として多くの企業が本格的に手掛けるには至らず、事例も大きく増えていない。

　この時期の特徴的な動きとして取り上げたいのは、消費産業を中心とするPOSの広がりだ。購買記録により消費者のニーズに迫るマー

ケティングのツールとして、メーカーや卸、小売りの現場で今も幅広く使われている。

　POSデータを持つのは小売業者だが、マネタイズにおいては利用者に直接提供する形ではなく、「日経POS情報」を展開する日本経済新聞社などが複数の企業や店舗から幅広くデータを集めて加工し、販売している。

　日本の国内総生産（GDP）の過半を占める個人消費の実態を分析するには、多様なデータが必要であり、それらを調達するチャンネルが欠かせない。データマネタイゼーションの基本形ともいえるモデルは、こうした利用ニーズを捉えて徐々に広がっていった。

■拡大期、プラットフォーマーが牽引（2010年〜2020年代）

　前述の転換期（1995年〜2015年）と一部重なるが、新たな技術革新をテコに、情報が供給過多に転じたデータマネタイゼーションの拡大期にあたる。個人が情報を見るだけの「ウェブ1.0」から、スマートフォンやSNS（共有サイト）で自ら発信する「ウェブ2.0」が一層進んだ。

　企業におけるデータ活用が進むなかで、データマネタイゼーションの主役を担ったのはプラットフォーマーだ。収集した顧客データなどをテコに、多くのデータマネタイゼーションのモデルが生まれた。

　たとえば個人の趣味や趣向を踏まえたウェブ広告ビジネスが挙げられる。2019年にはウェブ広告が広告費でテレビ広告を上回り、SNSの膨大なデータを販売するなどのビジネスも始まった。

　日本においても、人流データがコロナ禍などを経て利用シーンが広

がるなど、データマネタイゼーションのすそ野が徐々に広がり始めた。しかし、幅広い企業を巻き込んだ本格的な市場の拡大には及ばず、現在に続いている。

データマネタイゼーション
拡大の背景

　過渡期のデータマネタイゼーションが今後、拡大していく足がかり
となりそうなのが、データ量の爆発的な増加と、企業をつなぐデータ
連携基盤の拡大という2つの要素だ。本節では近未来を含む「データ
マネタイゼーション4.0」の行方を最新の情勢から占う。

■データ量は爆発的に増加

　データマネタイゼーションを取り巻く環境は日々、大きく変化して
いる。今後の影響が大きい要素として、まずデータ量の急増が挙げら
れる。世界で流通・生成されるデータの総量は2025年までに175ゼ
タ（10の21乗）バイトに達するとの予測もある。

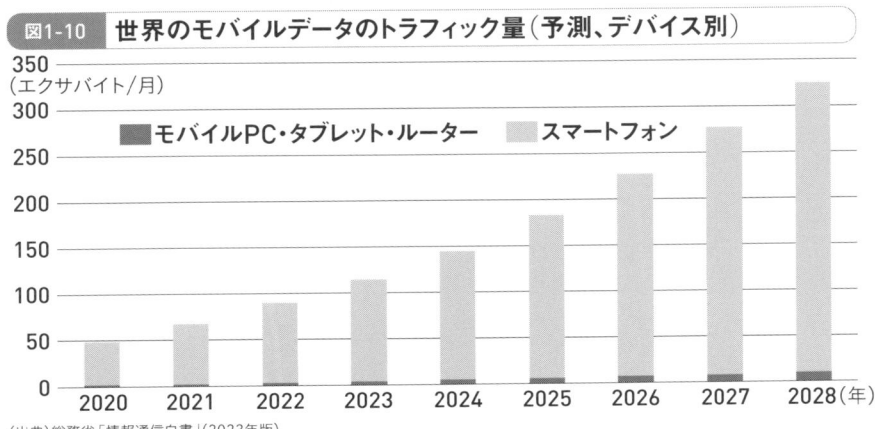

図1-10　世界のモバイルデータのトラフィック量（予測、デバイス別）

凡例：モバイルPC・タブレット・ルーター／スマートフォン

（出典）総務省「情報通信白書」（2023年版）

　特にスマートフォンなどモバイル端末を通じたデータのトラフィック量の増加が目立つ。総務省の2023年版情報通信白書によると、世界全体では2028年に月間約325エクサバイト（エクサは100京）に達すると予測される（スウェーデン通信機器大手エリクソン）。2022年末の約90万エクサバイトの4倍近くだ。

　企業におけるデータの量も増加の一途だ。

　DX、IoT機器の増加、持続可能な開発目標（SDGs）——。いずれも企業にとっての重要な経営テーマだが、解決に向けて多くのデータが必要となる点も共通している。

　また進化の激しい生成AI（人工知能）の分野では、性能の向上に大量の学習データが必要とされる。

　1日平均で7300万人が幅広い話題をやり取りする、米インターネット掲示板のレディット。膨大な蓄積データを有する同社の共同創業者、スティーブ・ハフマン氏は「当社のデータの強みと知的財産は、今後の大規模言語モデル（LLM）の学習において重要だ」と株式上場時の提出書類で強調した。

　今後もAIの進化に向けた様々なデータの活用は一層進んでいくとみられる。

　データ量急増の影響は、様々に広がっている。たとえば生成AIの利用拡大などでデータセンターの電力需要が増える可能性が指摘されている。

　膨張するデータは、巨額の投資マネーの呼び水ともなっている。2024年4月、米オラクルが今後10年間で日本国内のデータセンターに80億ドル（約1兆2000億円）を投じると発表。2年間で29億ドル（約4400億円）のデータセンターへの投資を発表したマイクロソフトなど、米クラウド3社が表明した対日投資額は計4兆円に迫っ

た（2024年4月時点）。

　今後の日本社会は様々な形で、増え続けるデータと向き合う必要が出てくる。企業にとっても、社内データの増加に伴う運用体制やコスト、セキュリティーリスクの見直しなど、考慮すべき点がめじろ押しだ。

　データ戦略の巧拙が企業の命運をも左右しかねない場面が増えれば、それらの延長線上にあるデータマネタイゼーションによる成長戦略や収益確保が、企業経営の選択肢として浮上する可能性は十分にあるだろう。

■「2つの規制」と「データ主権」が促す　　データ連携基盤

　データ量の急増と同様に、データマネタイゼーションと同一線上にある要素として注目されるのが、データを連携・流通させる「データ連携基盤」の拡大だ。

　成長の源泉であるデータを1社が独占するのではなく、企業が広く連携・融通して全体の課題解決につなげていく取り組みが世界で広がりつつある。背景には、個人データ保護と環境問題という2つの規制と、自国のデータを自国内で管理する「データ主権」の思惑が見え隠れする。

　データ連携基盤は、企業や業界、公共機関などをまたいでデータを連携・活用するために、中身や形式が異なる様々なデータを集約し、各社が利用できる形に加工して流通する機能などを有する。同じ国や地域の企業による結びつきや、同業種で連携するなど、様々な形のデータ連携基盤がある。都市の医療や防災、物流といった各機能のデー

タを集約してスマートシティーを構成する「都市OS」もデータ連携基盤の1つだ。

　企業にとってデータは、もとより経営に不可欠な事業資産の1つだ。いかに他社に先駆けて有用なデータを保有・活用できるかは、企業戦略における重要な要素となる。たとえば2000年代を中心に、自社の顧客データを精緻に分析して新たなビジネスに結びつけたプラットフォーマーにとって、データは富の源泉の1つだったともいえるだろう。

　そうしたプラットフォーマーがデータを独占的に手中におさめてきたとする批判が欧州などで高まり、データの越境や個人情報の厳格管理などの規制を強化する動きが強まった。個人データやプライバシー保護においては、欧州連合（EU）の一般データ保護規則（GDPR）や米カリフォルニア州消費者プライバシー法（CCPA）など、国際的な目の細かい規制の網がかかっている。

　データの独占的使用にくさびを打つ一連のデータ規制の強化に加えて、もう1つの「規制」が、世界規模で相次ぐ環境規制の厳格化だ。

　工業化前からの気温上昇を2度未満に抑え、1.5度以内にする努力目標を掲げる、国際的な温暖化対策の枠組み「パリ協定」をはじめ、様々な環境規制の導入が相次ぐ。特に、欧州の電池規制や炭素国境調整メカニズム（CBAM）といった、サプライチェーンなどによる課題解決が求められているテーマが増えている。

　環境課題への対応の難易度も高まるなかで、もはや1社単独で取り組むのが難しいという企業が増え、サプライチェーンや業界全体で連携して課題解決に取り組もうとする動きが出ている。

　これらの2つの規制に加えて、見逃せないのが経済安全保障の観点で重要となるデータ主権だ。

国境をやすやすと越えてしまう自国のデータに対して自国内での管理を目指すデータ主権では、他国など域外にデータ拠点を作る体制の見直しや機密データの国内管理とともに、国内企業のデータを官民一体で守るという視点でのデータ連携基盤の役割が重要となってくる。

　データの囲い込みや越境移転などを有利に進めたい各国にとって、データ連携基盤は産業政策上の重要な役割を担う存在でもある。いわば「データ安全保障」とも呼ぶべき新たな価値観のもと、国境をまたいだ水面下のさやあてもまた、激しさを増している。

■欧州「ガイアX」、「カテナX」が先行

　データ連携基盤は、地政学的な側面もあって、まず欧州で広がった。
　国や組織をまたいで企業などがデータの共有を目指す国際データスペース協会（IDSA）の取り組みなどもあり、2019年に独仏政府が、欧州の企業間でデータを交換するためのプロジェクト「Gaia-X」（ガイアX）構想を立ち上げた。

　ギリシャ神話における大地の女神の名を冠したガイアXは、その後に世界で続々と立ち上がっていくデータ連携基盤の先駆けとなった。

　航空宇宙や農業、金融、モビリティーといった分野でデータの共同利用を掲げており、まず欧州の自動車業界におけるデータ共有のプラットフォーム「Catena-X」（カテナX）が2021年に始まり、本格化している。

　「カテナ」はラテン語で「鎖」の意味を持つ。自動車のサプライチェーンを構成する完成車メーカーや部品企業などが鎖のようにつながり、各社のデータを企業横断で利活用する枠組みの構築を図っている。欧州の官民を中心に構成されており、全体での生産性やレジリエンス

図1-11　カテナXのイメージ

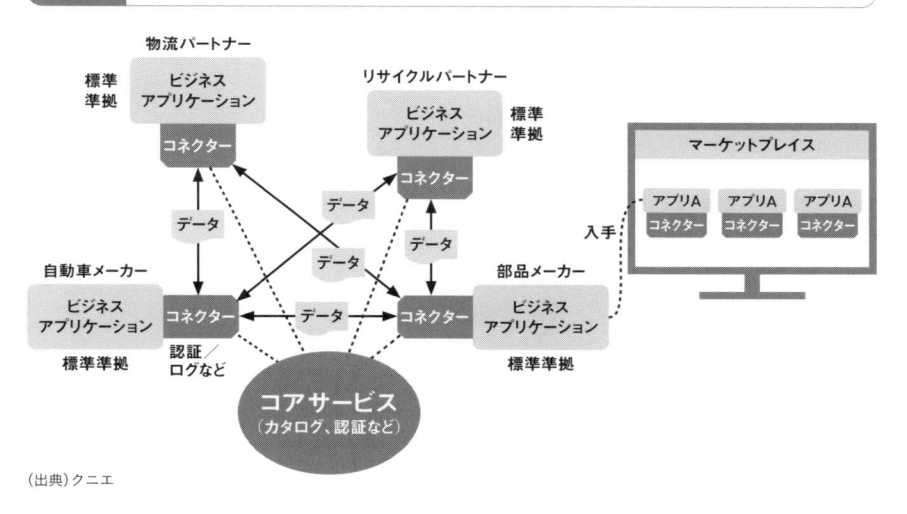

(出典)クニエ

（回復力）、サステナビリティーなどの向上を目指す。

　データの仕様は、企業やシステムなどにより大きく異なることも珍しくない。カテナXでは、様々なデータを連携・共有するための「コネクター」と呼ばれるインターフェースやツールにより、データの円滑なやり取りを可能としている。こうした技術標準の設定や、同じ規格で作成されたアプリケーションをマーケットプレイスから入手するといったことも可能だ。

　データ連携基盤は、欧州をはじめ中国やインドなど世界に広がっている。IDSAや、欧州発のプラットフォームであるFIWARE（ファイウェア）、オランダの企業が多く参加するSCSN(Smart Connected Supplier Network）などだ。

　特に動きを先取りしているのが自動車業界だ。先述の欧州・カテナXに対して、日米の自動車関連やIT（情報技術）企業などで構成す

る「モビリティ・オープン・ブロックチェーン・イニシアチブ（MOBI）」は、電気自動車（EV）などに使う電池に関するデータの活用でカテナＸとの連携を進める。

電池の性能や健康状態、再利用できるレアメタル（希少金属）がどの程度使われているかといった情報を電子化した「電池パスポート」の導入が実用化に向けて動き出している。

■データ連携の「源流」日本、　急ピッチで官民の整備進む

主に欧州で先行したデータ連携基盤だが、その源流の1つは、日本の安倍晋三元首相が2019年に提唱した「信頼性のある自由なデータ流通（DFFT）」にあった。企業のデータについてプライバシーや知的財産を保護しつつ国境を越えて自由に使えるようにするという理念で、日本は過去の様々な国際政治の場面で提案を続けてきた。

2024年5月にパリで開かれた経済協力開発機構（OECD）閣僚理事会では、多国間の政策調整を担う意思決定機関の設置を決定。国際的なデータ連携や流通に向けた枠組みづくりが加速するなか、日本でもデジタル時代に対応した新たな取り組みが急ピッチで進んでいる。

循環型経済に向けた日本独自の産業データ基盤「ウラノス・エコシステム」だ。

ギリシャ神話のガイア女神の向こうを張って、ガイアの夫で息子でもあるとされる天空の神「ウラノス」の名が織り込まれた。

2024年5月にはウラノスで初の事例となる車載電池の二酸化炭素（CO2）排出量のデータなどを企業間で共有できるサービスを、自動車・蓄電池トレーサビリティ推進センター（東京・港）が始めた。

自動車大手などが参画している。

　企業データの国際的な流通をめぐっては、デジタル庁の「国際データガバナンスアドバイザリー委員会」で共通の情報基盤づくりに向けた官民協議がスタートした。経営者向けのガイドラインの作成を目指す。

　日本企業のデータ連携をめぐる動きは、様々に広がっている。

　世界有数の規模とみられる日本の電力データについて、一般企業による利用が2023年10月に解禁されたのを機に電力データの利活用も進んでいる。一般社団法人の電力データ管理協会（東京・千代田）が東京電力管内で提供を始めた電力データをもとに、脱炭素や介護などに活用される見通しだ。

　国内企業や業界団体などでつくるデータ社会推進協議会（東京・港）は、企業の持つ消費者の商品購入や位置情報などの匿名データを売買する市場の創設を検討する（日本経済新聞電子版「企業の顧客データ取引所　商品購入や位置情報、100社で」2023年11月19日）。市場機能を使って企業のデータ流通を促す枠組みにより、データ連携や流通に向けた議論の一層の高まりが期待される。

　地方においては、デジタル・データなどの先端技術で地方の社会課題の解決を図る「デジタル田園都市国家構想」が注目される。経済発展と社会問題の解決の両方を目指す「ソサエティー5.0」の実現に向けた重点政策の1つで、データ駆動型のスマートシティー実現に向けた動きが各地で進んでいる。

　地方自治体が中心となって独自のデータ流通基盤を設置する動きもある。東京都のデータ流通基盤「東京データプラットフォーム（TDPF）」や大阪府の「大阪広域データ連携基盤（ORDEN）」などだ。

社会課題の解決やイノベーションによる経済成長を目指す枠組みとして、データ連携を本格的に根付かせるには、企業の参加を促す取り組みが欠かせない。企業側とすれば、データ連携基盤に参加するメリットとデメリットが明確でなければ経営判断の俎上に載せることは難しい。

　データ連携基盤の利用や参加にあたっては、各社の課題解決における必要性に加えて、たとえば他社情報の取得がしやすくなる点などは1つの判断材料となりそうだ。PwCコンサルティングの調査によると、データ連携基盤を利用した企業の目的では「外部のデータ取得・購入」が30.6％を占めて最多だった。

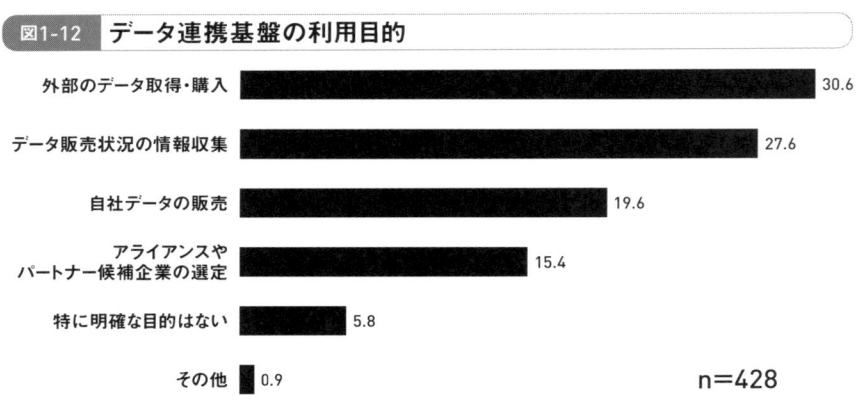

図1-12　データ連携基盤の利用目的

利用目的	割合
外部のデータ取得・購入	30.6
データ販売状況の情報収集	27.6
自社データの販売	19.6
アライアンスやパートナー候補企業の選定	15.4
特に明確な目的はない	5.8
その他	0.9

n＝428

（出典）PwCコンサルティング　　（注）データ連携基盤を「利用中」「利用を検討している」と回答した人を対象に質問、単位％

■「財務」から「非財務」、サプライチェーン全体に開示拡大

　データマネタイゼーションへの影響が大きい要素として見逃せないのが企業の情報開示の変化だ。

　上場企業が株主や投資家などに向けて開示する情報の範囲は、損益計算書や貸借対照表などの財務データから、環境や社会に関するサステナビリティー情報や人的資本といったオルタナティブデータを含む非財務データへと段階的に広がってきた。

　特に一部の非財務データについて、実効性を高めるために従来と基準が異なる開示ルールが求められた点に注目したい。データの対象が、従来の自社やグループ企業のみならず、他社も含めたサプライチェーン全体などに大きく広がった。

　温暖化ガス排出量の開示では、自社分（スコープ１）や電力使用などに伴う分（スコープ２）に加えて、原料の調達や製造、輸送、販売

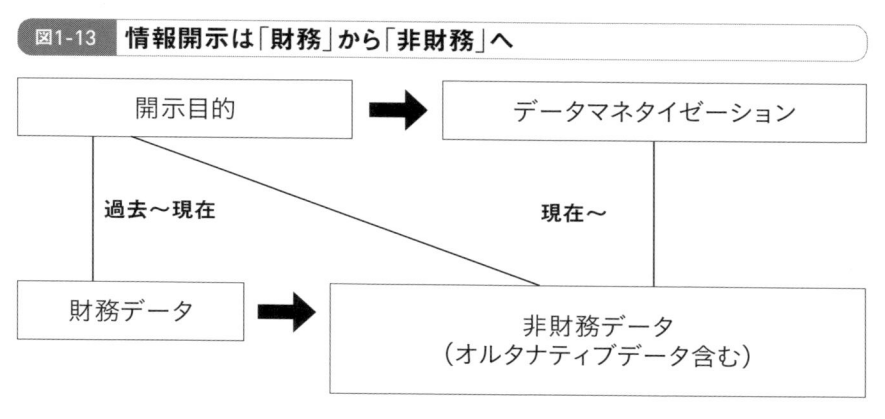

図1-13　情報開示は「財務」から「非財務」へ

（出典）日本経済新聞社

時などのサプライチェーン上で排出される全体の分（スコープ3）の開示が求められる。

　情報開示の範囲が財務データから非財務データに広がり、データを取得する対象も自社やグループ内部からサプライチェーン全体に広がる一部の動きに対し、企業が「他社のデータの使い方をより深く理解する必要がある」（鈴木裕一郎・クニエ　重工・造船、機械・装置産業担当マネージャー）のは間違いないだろう。

　サプライチェーンのバイヤーの求めに応じて自社データを提供したり、自社の情報開示のために他社のデータを集めて集約するといった行為は、いわばデータマネタイゼーションの前段階ともいえる。データの収益化に至る距離はあとわずかだ。

■技術の進展が下げる導入のハードル

　データマネタイゼーションでは通常、データの収集や加工、保管、分析、販売などの段階を経るため、多くの関連技術が必要とされる。

　特定のウェブサイトなどから大量の情報を取得するスクレイピングや、不揃いなデータを調整・整理するデータクレンジング、大量の情報を一元的に管理するデータレイクやデータウエアハウス、データ分析に必要な機械学習やデータマイニング、BI（ビジネスインテリジェンス）ツールによる可視化などだ。

　データを販売する場合は外部と接続するアプリケーション・プログラミング・インターフェース（API）の管理ツールなども必要となる。こうした一連の技術は進歩のスピードが速く、新たな仕組みが続々と投入されている。

　たとえば社内で部署別に管理しているデータ同士で連携や共有がで

きないサイロ化は、効率的なデータ活用を進めるうえでの大きな障害となっていた。

　解決に向けた1つの糸口となったのは、データのプライバシーを保護しつつ共有と分析を可能とする「データクリーンルーム」の技術などだ。たとえばネット広告の分野では、個人を特定できないよう加工して配信した成果を広告主が分析できるようになった。

　こうした周辺技術の進歩が、企業のデータマネタイゼーションにおける課題を解決し、導入のハードルを下げているのは間違いないだろう。

　クラウドコンピューティング分野では、大手各社がデータマネタイゼーションをクラウド上で展開する仕組みを提供している。

　米グーグル・クラウド（Google Cloud）のBIツール「ルッカー（Looker）」は、「ビッグクエリー（BigQuery）」などのクラウド統合型データウエアハウスに保存された自社データの分析や可視化のツールだ。社外の企業にデータの参照権限を付与することで、利用者は顧客企業にデータを全て渡すことなく、提供先に応じた加工データのみを提供するデータマネタイゼーションが実現できる。自社のロゴを画面に表示させたり、表示するビジュアルの柔軟な設定も可能だ。

　関連技術の進展は、データマネタイゼーションの導入機会の増加や、初期導入や運用を含めた全体のコストの低減につながる。データマネタイゼーションの浸透に欠かせない要素といえる。

　特に、急速に進化する生成AI技術は注目度が大きい分野だ。AIを自社の業務や製品・サービスに組み込む流れが進めば、データマネタイゼーションによる価値創造の中身も大きく変わる可能性がある。

　従来は文章や数値を中心としていた企業のデータも、画像や音声、動画などを含めたマルチフォーマット化が進む。様々な形式のデータ

を学習させた「マルチモーダルAI」の活用により、自然言語を用いたデータの探索やインサイトの取得といったユーザーの利用体験の向上に加えて、データ自体の価値の高まりも期待できる。

■本格的な普及期の行方は（2020年代〜近未来）

これまでのデータマネタイゼーションの現状分析をもとに、2020年代以降の本格的な普及期となる「データマネタイゼーション4.0」を占ってみたい。

日本企業は「失われた30年」といわれる長いトンネルを抜けて、データを軸として業界の枠を超えた新たなデジタルエコシステムの萌芽を各所で生じさせている。自動運転や電動化など「CASE」と呼ばれる技術や、測量用ドローンや地形データ活用などで工事を効率化する「スマートコンストラクション」などの具体例も出てきた。

ビジネスモデルでは「モノ売り」から「コト売り」への転換を図る動きが目立つ。たとえば自動車業界において、これまで重要だったのは購入者の生活・趣味趣向に合わせた車づくりだ。今後は運転中の利用者も対象に、コーヒーが飲みたい場合は喫茶店へ誘導し、あるいはピックアップの事前予約を店舗に伝えるといったサービスも考えられる。こうした「モノからコト」への転換で欠かせないのがデータの活用だ。

この数年間で、データマネタイゼーションの事例が増えてきた。医療・ヘルスケア分野では、厳しい個人情報保護の規制を乗り越えて個人にパーソナライズされた最適な予防や医療を提供するサービスの兆しが見えてきた。製造業でも、各種のIoT機器から取得したデータ

図1-14 データマネタイゼーション4.0では幅広い企業に新たな価値創造によるビジネスのチャンスがある

		特定の企業によるデータマネタイゼーション			幅広い企業が対象
		データマネタイゼーション **1.0**（1960年代〜1995年）幕開け	**2.0**（1995年〜2015年）転換期、ビッグデータに注目	**3.0**（2010年〜2020年代）拡大期、プラットフォーマーが牽引	**4.0**（2020年代〜近未来）本格的な普及期か
技術的背景	デバイスインフラ	大型コンピューター、磁気テープなど	パソコン、インターネット、スマートフォンの普及が進む。SNS、IoT機器も増加		
	分析など	統計分析、RDB	個人でも膨大な情報にアクセス可能となる「ウェブ1.0」	個人が自ら情報を発信する「ウェブ2.0」	生成AI（第4次AIブーム）
データマネタイゼーションのモデル	主なデータ	目的をもって収集したデータ（一次情報）			
			POSデータなど		
				位置、SNS、アプリ、IoTデータなど ➡ビッグデータ化が加速	
	提供価値	データそのもの	効率的なデータ提供	パーソナライズなど	個別に創造される新たな価値
	マネタイズモデルの例	メディア、調査会社によるデータ販売	パーソナルデータ、レシピデータなど	プラットフォーマーによるデータビジネス	幅広い企業による新たな価値（コト）のソリューション提供

（出典）クニエ

を活用する新サービスが生まれている。

　特にAIの関連で、これまでにない量と質のデータとインサイトを手にした日本企業にとって、政策や規制、業界構造などの変化はビジネスチャンスとなりうる。機会を捉えて、新たなデータマネタイゼーションによる新規事業創出に踏み切る可能性は十分にあるだろう。

　今後、データマネタイゼーションが日本企業に普及していく可能性は大きい。しかし、一本調子に進むかという点では疑問も残る。

　企業側には、競争力の源泉でもある自社データを同業他社や系列外の企業と共有することに対する抵抗感や反発が根強く残っている。顧客や利用者の個人データに関係している場合では、なおさらだ。社内外からの不安の声に丁寧に答えていかない限り、データマネタイゼーションの実現はおぼつかない。

　利用者の同意を得て個人のデータを預かり、企業に提供する「情報銀行」の停滞は、その一例といえる。自身のデータを安心して活用できるインフラとして政府が普及の旗を振り、大手金融機関や広告代理店も事業参入を相次ぎ表明するなど鳴り物入りでスタートしたが、その後は撤退やサービスの停止が相次いだ。

　データマネタイゼーションの走りともいえる取り組みは、2024年8月末時点で情報銀行のサービスを実施中で体制が認可基準に適合するなどの「通常認定」事業者はなく、その前段階である「P認定」も2例にとどまっている[2]。

　日本企業のデジタル戦略の遅れも懸念材料だ。電子情報技術産業協会（JEITA）とIDCジャパンが実施した調査によると、デジタル経営の実践段階にある日本企業の割合は25％程度にとどまり、50％を上回る米国と比べて見劣りする。デジタル化の遅れはデータマネタイ

ゼーションなどの経営判断にも影を落としかねない。

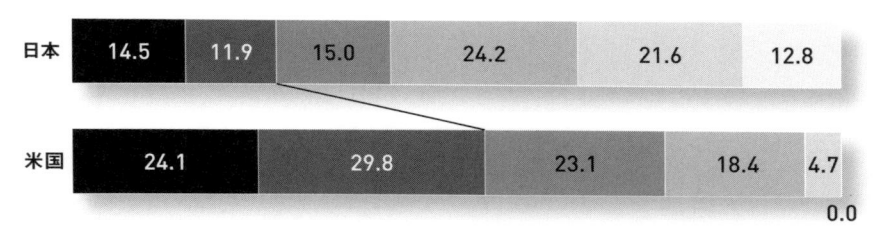

図1-15　日本企業のデジタル経営の取り組みは遅れている

日本　14.5　11.9　15.0　24.2　21.6　12.8

米国　24.1　29.8　23.1　18.4　4.7　0.0

- 事業に組み込まれ、継続的に業務効率化／収益拡大に向けた取り組みを行っている段階
- 本格的な事業への導入を行っている段階
- 実証実験／PoCを完了し、投資対効果などの見極めのため拡大を検討している段階
- 小規模なパイロットプロジェクトや実証実験／PoC（Proof of Concept）を行っている段階
- 情報収集／検討を進めている段階
- 行っていない

(出典)2024年 JEITA/IDCJapan調査 (注)DX／デジタル経営の取り組み状況

【参考文献】

1　国内居住者は2023年3月時点、本台数から法人名義や仮想事業体通信業者（MVNO）分を除く。訪日外国人は2019年の年間実績。出典はドコモ・インサイトマーケティング

2　日本IT団体連盟　認定事業者一覧　https://tpdms.jp/certified/

第2章

データマネタイゼーション
の点検

データマネタイゼーションの全体像は理解できたが、
果たして自分の会社や組織でも実現できるだろうか。
第2章では導入に向けた下準備として、
自社の保有資産であるデータについての
確認・整理やデータ分析の手法などを紹介する。

社内には
どんなデータがあるのか

　企業では日々、製造やサービス、販売などの現場や、人事・総務などの管理部門などから多種多様なデータが生まれ、それらが選別や加工を経て蓄積されている。本節では企業が保有する主なデータの種類を紹介する。

　企業が保有するデータの種類は事業内容や規模などにより千差万別であり、以下はその一例だ。

- ・顧客データ
- ・従業員データ
- ・財務データ
- ・非財務データ
- ・運用データ（企業の生産、在庫、物流など）
- ・マーケティングデータ
- ・リサーチデータ
- ・法務・規制関連データ
- ・センサーデータ、IoTデータ

　こうした保有データでどのようなデータマネタイゼーションが可能になるかも例示した。

顧客データ

　既存のビジネスの収益の源泉となる、顧客に関する情報だ。

顧客データは、顧客が何を求めているのかを知るための、マーケティング上で重要なデータとなる。年齢や性別、居住地、職業、収入などを軸に購入傾向を分析するといった利用が一般的だ。

　スマートフォンの普及で多くの企業が顧客データを獲得しやすくなった。しかしウェブサイトをまたいで消費者の閲覧履歴を共有する「サードパーティークッキー」の見通しに代表される個人情報保護の規制などで、データの受け渡しに制限がかかりつつある。

顧客の個人データ
　顧客個人に関する基本的な情報。名前、住所、電話番号、メールアドレスなどが含まれる。

取引データ
　顧客の購入活動に関する情報。購買履歴、支払い方法、注文日時などが含まれる。

行動データ
　顧客のオンライン行動に関する情報。ウェブサイトの訪問履歴、クリックしたリンク、閲覧時間などが含まれる。

デモグラフィック（人口統計学的な属性）データ
　顧客の人口統計などに関する情報。年齢、性別、職業、所得などが含まれる。

　その他、顧客の満足度やフィードバックなどのデータがある。これらを用いることで、たとえば以下のデータマネタイゼーションが考え

られる。

> 1. **パーソナライズド・マーケティングプラットフォーム**
>   顧客の購買履歴や行動パターンを分析して、個々の顧客に最適な商品やサービスを推薦するプラットフォーム
> 2. **ロイヤルティープログラムの最適化サービス**
>   顧客データを活用して、顧客のロイヤルティープログラムの効果を最大化するためのカスタマイズされたプログラムを設計・運営する
> 3. **顧客セグメンテーションツール**
>   顧客データをもとに顧客を様々なセグメントに分類し、ターゲットマーケティングのための詳細なインサイトを提供する

従業員データ

企業の従業員に関する情報だ。名前や年齢、性別、職務内容、給与、勤続年数、勤務時間、人事評価などを含む。

従業員データは、人材管理や組織運営において重要なデータだ。パフォーマンス評価をもとにした昇進や給与改定、労働時間の管理、福利厚生の改善のほか、従業員の満足度やエンゲージメント（対話）を向上させるための施策などにも利用される。

HR（人材）テクノロジーの進化や関連ツールの普及により、従業員データの収集や分析が従来と比べて手掛けやすくなった。一方で個人情報保護の観点から、データの収集と管理には法令やポリシーの順守が欠かせない。

従業員の個人データ

　従業員個人に関する基本的なデータ。名前、住所、電話番号、メールアドレスなどが含まれる。

雇用データ

　従業員の雇用に関するデータ。職務内容、雇用開始日、雇用契約の種類などが含まれる。

従業員の業績データ

　従業員の業績に関するデータ。評価結果、達成目標、フィードバックなどが含まれる。

給与データ

　従業員の給与に関するデータ。基本給、ボーナス、控除額などが含まれる。

　その他、人事評価データなどが含まれる。これらのデータから考えられる主なデータマネタイゼーションを例示する。

1. **従業員エンゲージメント分析ツール**
   従業員のパフォーマンスデータやフィードバックを分析し、従業員のエンゲージメント向上策を提案する
2. **スキルマッチング・プラットフォーム**
   従業員のスキルセットを分析し、企業内で最適な職務やプロジェクトにマッチングさせるサービス
3. **健康・ウェルネス管理システム**

従業員の健康データを利用して、企業全体の健康促進プログラムを開発・実施する

財務データ

企業の財務状況に関する情報だ。売上高や費用、利益、資産、負債、キャッシュフローなどが含まれる。

企業の経営状況を把握し、投資判断や資金調達の計画を立てるための情報として必要となる。セグメント別の分析や業績予想と実績値の比較、期間比較などの財務分析を通じて企業の成長性を評価し、経営戦略を策定する際に重要な役割を果たす。近年では、財務データに加えて非財務データを含む多様な分析により、経営の意思決定につなげていくことが重要となっている。

会計ツールの普及などによるデジタル化の進展で、リアルタイムでの収集や分析が可能になった。とはいえ多数の部署や関連会社から収集されるデータ量は膨大で、種類も異なっていることが多い。そのため、収集したデータをインサイトに結びつけるには加工や分析のプロセスが必要となる。

収入データ

会社が商品やサービスを販売して得た収入に関するデータ。売上高、収入源などが含まれる。

経費データ

会社の運営や製品製造にかかる費用に関するデータ。材料費、広告費などが含まれる。

 **利益データ**

　会社の収入から経費を差し引いた後の利益に関するデータ。純利益、営業利益などが含まれる。

 **キャッシュフローデータ**

　会社の現金の流れに関するデータ。営業活動や投資活動によるキャッシュフローなどが含まれる。

　その他、予算計画、監査・コンプライアンス報告なども対象だ。これらのデータを用いることで、下記のようなデータマネタイゼーションが考えられる。

1. **財務予測サービス**
   過去の財務データを分析し、将来の財務状況を予測する
2. **投資アドバイザリー・プラットフォーム**
   財務データをもとに最適な投資ポートフォリオを提案するアドバイザリーサービス
3. **コスト削減分析ツール**
   詳細に財務データを分析し、企業のコスト削減ポイントを特定するツール

非財務データ

　ESG（環境・社会・企業統治）や人的資本など、財務データ以外で戦略の立案や経営課題の解決に関わるデータが挙げられる。

　企業の長期的な持続可能性や社会的責任を評価するために重要だ。投資家や株主が財務データのみならず非財務データも重視する傾向が

強まり、企業価値の総合的な評価に活用される。

　持続可能な経営の重要度が増すなかで、日本でもより精度の高いESGデータの収集や情報開示が求められる傾向にある。企業は、環境負荷の低減や社会的責任の履行を示して透明性や信頼を高めていくために、非財務データの拡充が求められる。

環境データ

　会社の環境への影響に関するデータ。温暖化ガスの排出量、リサイクル率などが含まれる。

社会的責任データ

　会社の社会貢献活動に関するデータ。慈善事業、ボランティア活動などが含まれる。

コーポレートガバナンスデータ

　会社の統治構造や管理に関するデータ。取締役会の構成、ガバナンスの社内ポリシー、コンプライアンス活動などが含まれる。

人的資本データ

　従業員のスキルや教育、キャリア開発に関するデータ。教育訓練の履歴、従業員のスキルマップ、キャリアパスの進捗などが含まれる。

　その他、イノベーションなどがある。これらの非財務データを用いたデータマネタイゼーションを例示する。

1. **CSR活動の評価ツール**
   企業のCSR活動を評価し、効果を測定するツール
2. **サステナビリティー（持続可能性）リポート作成サービス**
   非財務データを活用して、企業のサステナビリティーに関するリポートを自動的に生成する
3. **企業文化評価プラットフォーム**
   非財務データを分析して、企業文化の健全性や従業員の満足度を評価するプラットフォーム

運用データ（企業の生産、在庫、物流など）

　運用データは、企業の生産活動や在庫管理、物流といった一連のサプライチェーンにおける情報などを指す。生産量や稼働率、在庫量、出荷量、配送時間などが含まれる。

　効率的な生産管理や在庫管理、物流の最適化において重要で、コスト削減や納期の短縮、品質や顧客の満足度向上が実現し、企業の競争力の強化につながる。

　IoTの普及により、リアルタイムのデータ収集が進んでいる。また、スマート工場や自動化倉庫といった業務のデジタル化・自動化もあり、取得できるデータ量や種類が増えている。また、サプライチェーン全体の可視化や最適化が求められるなかで、生産現場を仮想空間で再現する「デジタルツイン」によって地域や企業の枠を超えてサプライチェーン全体のデータを管理する試みも生まれている。

在庫データ

　会社の在庫に関するデータ。商品の数、保管場所、入出庫の記録などが含まれる。

生産データ

　会社の生産活動に関するデータ。生産計画、生産量、製品の品質などが含まれる。

物流データ

　会社の物流に関するデータ。配送ルート、配送時間などが含まれる。

販売データ

　会社の販売活動に関するデータ。販売チャネル、販売数量などが含まれる。

　その他、サプライチェーンや設備管理のデータなども対象だ。データマネタイゼーションとしては以下のような取り組みが考えられる。

１. 在庫最適化システム
　在庫データをリアルタイムで分析し、在庫の最適な管理と最適化を支援する

２. 生産効率化ツール
　生産データを分析し、生産ラインのボトルネックを特定して効率化を図るツール

３. 物流コスト削減サービス

物流データを解析して、コスト削減と効率化を実現するためのサービス

マーケティングデータ

　広告・キャンペーンの成果、顧客からのフィードバックなどマーケティング活動に関する情報を指す。

　効果的なマーケティング戦略を立案し、ターゲット顧客への訴求力を高めるために重要だ。顧客の行動や嗜好を分析することで、ターゲット層の特定や、施策の効果の最大化を図ることができる。

　デジタルマーケティングの浸透により、ウェブサイトやソーシャルメディアの解析などが一般的になり、データが大量に生成されている。

広告データ

　広告キャンペーンの効果に関するデータ。広告の表示回数、クリック率、コンバージョン（成約）率などが含まれる。

市場動向データ

　市場の動向やトレンドに関するデータ。業界の成長率、新製品の動向などが含まれる。

顧客フィードバックデータ

　顧客からの意見や評価に関するデータ。製品やサービスに対する評価、改善点などが含まれる。

販売実績データ

　会社の販売実績に関するデータ。販売数量、販売額の推移などが含まれる。

　その他、ソーシャルメディアのデータ、ブランド評価などがある。これらのデータでは以下のようなデータマネタイゼーションが考えられる。

1. **キャンペーン効果測定ツール**
   マーケティングやキャンペーンのデータを分析し、効果をリアルタイムで測定する
2. **オーディエンス分析サービス**
   マーケティングデータを活用して、広告における適切なオーディエンスをターゲットにするサービス
3. **マーケティングROI（投資対効果）測定プラットフォーム**
   マーケティング活動のROIを測定・分析するプラットフォーム

リサーチデータ

　リサーチデータは特定の調査や研究活動から得られる情報で、市場調査、顧客調査、競合調査などが含まれる。

　主に新製品の開発時や市場参入の戦略を練る際などに使われる。市場のニーズやトレンドを把握し、競合優位性を確立するための重要なインサイトとなる場合もある。

　リサーチの手法の多様化やオンライン調査の普及などで、データ収集が従来と比べて容易になっている。消費者の意見やフィードバック

を素早く収集し、リアルタイムでの意思決定に活用することも可能だ。

調査データ
　アンケートや質問票を用いて収集されたデータ。顧客の意見、満足度、ニーズに関する情報などが含まれる。

実験データ
　実験やテストを通じて得られたデータ。製品の性能、効果の検証結果などが含まれる。

観察データ
　実際の状況や行動を観察して収集されたデータ。顧客の行動パターン、使用状況などが含まれる。

分析データ
　各種データを分析して得られた洞察や結果で、市場動向予測、顧客のグループ分けの結果などが含まれる。

　その他、特許情報なども対象だ。こうしたリサーチデータから想定されるデータマネタイゼーションを以下に示す。

1. **市場トレンドの予測サービス**
   リサーチデータをもとに市場のトレンドを予測するサービス
2. **競合分析ツール**
   競合企業のリサーチデータを分析し、競合の動向や戦略を把握する

3．インサイト提供サービス

リサーチデータを活用して、顧客にインサイトを提供するサービス

法的・規制関連データ

企業が順守すべき法律や規制に関する情報を指す。

企業がコンプライアンス（法令順守）の体制を確立し、罰則などによる社会的信用の低下を回避するために重要なデータだ。正しく記録・管理することで企業の信頼性を高め、社会的責任を果たすことができる。

規制環境の変化に伴い、管理すべきデータの種類や量が増加している。特にグローバル企業は、各国や地域で異なる規制に対応するため、広範な法的データを管理する必要がある。

コンプライアンスデータ

法規制や業界標準に従うためのデータ。内部監査、規制順守の記録などが含まれる。

契約データ

取引先や従業員との契約に関するデータ。契約書、契約条件、履行状況などが含まれる。

法的データ

法的な問題や訴訟に関するデータ。訴訟記録、法的文書、判例などが含まれる。

 **規制データ**

政府や規制当局からの指示や規則に関するデータ。規制要件、報告書、順守状況などが含まれる。

法的・規制関連データを使うと、以下のようなデータマネタイゼーションが考えられる。

1. **コンプライアンス管理システム**
   法務・規制データを利用して、企業のコンプライアンス体制をリアルタイムで管理するシステム
2. **規制予測ツール**
   法務データを分析して、将来の規制の変化を予測する
3. **リスクマネジメント・プラットフォーム**
   法務・規制データを利用して、企業のリスクを評価・管理するプラットフォーム

センサーデータ、IoTデータ

各種機器に取り付けられたセンサーやIoT機器で収集する情報を指す。温度、湿度、位置情報、機器の稼働状況などが含まれる。

リアルタイムの状況把握や予測分析などに使われる。製造業では設備の異常検知や予防保守、小売りの場合は在庫管理や顧客動線の分析などが対象だ。

IoT機器の普及に伴って企業のデータ量が増えている。リアルタイムでのデータ収集や分析によって、企業の運営効率やサービス品質の向上が図られている。

温度センサーデータ

　温度センサーが収集するデータ。工場やオフィスの温度管理、製品の品質保持などに使用される。

モーションセンサーデータ

　モーションセンサーが収集するデータ。セキュリティーシステムや自動化された照明制御などに使用される。

光センサーデータ

　光センサーが収集するデータ。照明の自動調整やエネルギー効率の向上などに使用される。

圧力センサーデータ

　圧力センサーが収集するデータ。機械の安全管理や生産プロセスの最適化などに使用される。

　その他、各種装置からの計測データ、安全監視データなども含まれる。もともとセンサーやIoTはモニタリングの目的で設置されており、データマネタイゼーションとしてはさらに先のサービスが望ましい。考えられる主なデータマネタイゼーションを以下にまとめた。

１．製造ラインの自動最適化サービス

工場内の製造ラインに設置されたIoTセンサーにより、機器の状態や作業効率、消耗部品の摩耗状態などをリアルタイムでモニタリングしてデータを解析。生産効率を向上させるための具体的なアクションを自動的に提案するサービス

2. **スマートファームの完全自動化と作業提案サービス**
   農場内に設置された土壌や気温、湿度のセンサーなどで最適な肥料散布のタイミングなどをリアルタイムで分析。ドローンや自動農機具のアクションを提案するサービス
3. **スマート交通管理サービス**
   交通の状況をモニタリングし、渋滞や事故の発生、信号機の最適なタイミングなどをリアルタイムで解析し、交通の流れを最適化するアクションを提案・実行するサービス

これらに加えて、今後はAIに関わるデータなども増えていく可能性がある。事業に活用するAIの性能を高めるには、質の良い大量のデータが重要となるためだ。機械学習に必要な教師データを作成するアノテーション（タグ付け）などの作業も場合により必要となる。

また企業のデータに対する考え方も、変わっていく可能性がある。スイスのビジネススクール、ＩＭＤのモハン・スブラマニアム教授は、企業がデータを使って製品をサポートするのではなく、製品がデータをサポートして新しい種類のデータを生成する効果的な媒体となるべき、という従来と逆転する考えを提唱している。データマネタイゼーションが突きつける企業意識の変革により、これまでにない企業データが今後、生まれる可能性もある。

■企業データの大半を占める
　「非構造化データ」

企業が保有する多種多様なデータは、特定の形式やパターンで標準

化された「構造化データ」と、標準化されていないテキストファイルや画像、音声、動画といった「非構造化データ」の2つに分けられる。企業データの大半を占める非構造化データは、データの分析や流通における長年の課題となっていた。

　加工が比較的容易な構造化データであっても、様々な処理が必要となるケースもある。たとえば日時を示すデータだ。国際標準化機構（ISO）の規格「ISO 8601」による日付と時刻を示すデータの基準は西暦の年・月・日・時・分・秒を「YYYY-MM-DD HH：MM：SS」の形式で扱う。しかし実際には様々な形式が併存しており、加工や分析においては何らかの標準化の対応が必要となる。

　データを詳細な分析に使える状態に加工する「クレンジング」など

図2-1　日時を示すデータには様々な形式がある（例）

企業名	形式	例
企業A	YYYY-MM-DD HH:MM:SS	2022-07-28 09:59:57
企業B	MM/DD/YYYY HH:MM:SS	3/6/2023 17:30:00
企業C	YYYY/MM/DD HH:MM	2023/7/4 8:00
企業C	YYYY/MM/DD HH:MM	2023/7/4 8:15
企業D	YYYYMMDD	20221001
企業D	HHDDSS	141052
企業D	HHDDSS	161130
企業E	YYYY/MM/DD HH:MM	2020/12/1 0:00
企業F	UTC epoch milliseconds	1630810066827
企業F	YYYY-MM-DD HH:MM:SS	2021-09-05 02:47:46
企業F	YYYY-MM-DD HH:MM:SS	2021-09-05 03:14:45
企業G	YYYY/MM/DD	2024/03/04
企業H	YYYY/MM/DD HH:MM	2014/6/27 19:12
企業H	YYYY/MM/DD HH:MM	2022/1/28 18:21

（出典）日本データ取引所

は手間のかかる作業だが、技術の進展により、そうしたデータの扱いも従来と比べて手掛けやすくなってきた。

　構造化されていないテキストデータからメタデータ（属性情報）を抽出する自然言語処理（NLP）モデルや、画像認識による対象物の識別、音声認識によるリアルタイムの会話の文字起こしや翻訳などのサービスも増えている。

■オープンデータなどでデータを入手

　データマネタイゼーションは自社で保有するデータのみが対象ではなく、新たに外部から入手するデータも対象だ。公的機関のオープンデータや、特定のウェブサイトなどから大量の情報を取得する「スクレイピング」によってデータを収集する方法などがある。

公的機関のオープンデータ

　各国政府や地方自治体などの公的機関は、統計データや調査結果などをオープンデータとして無料で公開している例が多い。日本の政府統計の総合窓口「e-Stat」では、最新の人口統計や経済指標、産業データなどが利用できる。長期的なトレンド把握も可能だ。

学術データ

　大学や研究機関などが公開している学術的なデータからは、専門的な知識や情報を得ることが可能だ。データベースによっては、研究機関ごとに論文やデータを入れる「リポジトリ」という枠が割り当てられているケースもある。

スクレイピング

　ウェブサイトから必要なデータを大量に収集することができる。ただしウェブサイトの利用規約違反や、サーバーに過度に負荷をかける行為は厳禁だ。抽出したデータの公開による著作権侵害などの法的・倫理的な問題にも注意が必要となる。

　自社単独でのデータ収集が難しい場合、他社との連携や商用データの購入によってデータを取得する手段もある。

他社との連携

　共通の目的を持つ企業間で連携し、データの融通などを図る。他社のデータを組み合わせることで、自社のデータのみでは見つからなかった洞察を得たり、マーケティング効率向上や新規事業創出などを目指す。データ連携基盤や、データ連携のコンソーシアムなどに参加して、他社とのデータ連携を模索するという手もある。

データベンダーから商用データの購入

　データを販売する企業「データベンダー」などが主体となり、商用データの売買は大きな市場になっている。特に多くのデータを必要とする金融・証券市場や調査業界などに向けては、海外の英ロンドン証券取引所グループ、米S&Pグローバルなどのほか、日本では日本経済新聞社やQUICKなどがデータを販売している。

他社から購入

　他社からデータを入手する場合、相対で直接交渉するか、後述のデータマーケットプレイスを利用する手がある。

第2節 | データからインテリジェンスへ

　素材であるデータを有効活用していくには、何が必要だろうか。現象や事象の生の記録であるデータそのものにはあまり意味がないといえるが、適切に処理・解釈することでデータは情報になり、知識、インテリジェンスへと価値を高めていく。データマネタイゼーションの前提として、本節ではデータの価値の高め方を簡単に紹介する。

　本書ではデータと情報、知識、インテリジェンスをそれぞれ下記のように定義している。

①データ

　事実や観測値、測定値の生の記録が「データ」だ。たとえば温度計で測定した「25度」や、センサーが記録した「午前10時15分の音量50デシベル（dB）」といった値を指す。

②情報（インフォメーション）

　データに文脈や解釈を加えることで意味を持つようになったのが「情報」だ。データが整理されて、理解しやすい形になっている。たとえば1日の気温の変化を示すグラフは、複数の温度データを時間軸に沿ってプロットすることで気温の傾向が理解しやすくなる。

③知識（ナレッジ）

　情報を経験や専門知識に基づいて解釈し、実用的な知識として体系化したのが「知識」だ。「夏季には日中の気温が急上昇しやすい」といった気候パターンの知識は、過去の気温データや気象学、経験に基

づいている。

④インテリジェンス

　知識を戦略的な目的のために分析し、抽出したインサイトをもとに、意思決定を助けるための洞察や予測を提供するのが「インテリジェンス」だ。たとえば特定の地域で今後 1 週間に気温が急上昇する可能性がある場合、農業従事者に対して灌漑計画を見直すよう助言するようなケースだ。

　データからインテリジェンスへ以下 5 段階を経て価値を高めていく。

1．データを収集する
　インターネットやアンケート結果、センサーなどの様々な情報源からデータを収集する。

2．データを整理・加工する
　データのクレンジング、正規化、整理などにより、分析可能な形に加工する。

3．情報を生成する
　データを解析してパターンやトレンドを発見する。データが情報に生成される瞬間だ。

4．知識を構築する
　情報をもとに、理論や実践的な知識を構築していく。教育やトレーニングを通じて体系化されることが多い。

5．インテリジェンスを活用する
　得られた知識をもとに戦略的な決定を下す。しばしば高度な分析ツールやAIなどが使用される。

データ活用サイクル「PDAC」

　企業はデータをどのように活用していくべきか。データをもとに素早く経営判断や意思決定をする「データドリブン経営」では、データの効果的な活用が、競争を有利に運ぶためのカギとなる。データマネタイゼーションの本筋からは外れるが、本節ではデータ活用の方法論や分析手法などをごく簡単に紹介する。

　企業経営におけるデータ活用は、課題のボトルネックを明らかにして解決に導いたり、顧客満足度や業務効率を高めるなどの目的で重要となる。

　業務におけるデータ活用は、たとえば仕入れで販売機会の損失を回避する適正在庫の管理や、製造業務での無駄の発見や削減、マーケティングにおけるPOSデータを活用した業務の高度化などだ。

　データを蓄積や加工、分析、活用するといった流れ（データバリューチェーン）で価値を高めていく。業務改善のサイクルなどで知られる「PDCA（計画（Plan）・実行（Do）・評価（Check）・改善（Action））」に模すと、データ活用では以下の「PDAC」のサイクルになる。

Plan：課題仮説の設定、分析計画
Data：データ収集
Analysis：データ分析
Conclusion：分析をもとにした考察・結論

■データ分析の基本的な手法、組織・人員

　データの活用において、分析・解析は重要なプロセスだ。従来は限られた研究者が使っていた高度な分析手法も、技術の発展で以前より手軽に利用できるようになった。

　おおまかに分類すると、データ分析は「定性分析」と「定量分析」の2つに分けられる。

　定性分析は一般的に、質的なデータを対象とする分析手法だ。数値などではなく言語的なデータの場合、たとえばインタビューや記述式アンケートで収集したデータを用いて相手の気持ちや背景などを明らかにしていくような分析も含まれる。

　定量分析は数量データに対する分析であり、データ分析という言葉のイメージはこちらの方が多いかもしれない。分析の観点は様々だが、主に比較や構成割合、変化などの分析を組み合わせてインサイトを抽出していく。

　分析を進めるうえでは、少しでも早く一足飛びにインサイトにたどり着きたくなるが、順にステップを踏みながら進めたい。

　分析の最初のステップは基礎集計だ。データの平均値や中央値、分散、標準偏差などを把握し、データの全体像や背景を理解したうえで分析することで、偏見を持たずに結果を抽出できる。

　データ分析については、グラフ化などで理解を助ける可視化（データビジュアライゼーション）や、相関、因果関係などをもとに各種モデルで予測する手法など、多様な手法が存在する。一般的な表計算ソフトのほか、より高度な分析に対応した統計解析ソフトなどもある。

データ分析を企業が効果的に進めるには、専門の組織や担当者を置く形が一般的には望ましいといえる。あるいは旗振り役の組織などを設けて、社内に分散するデータ担当者らをつなぐ横断的な取り組みを進める形も有効だろう。

　しかし、現実問題としてそうした人材配置ができる企業は限られるため、データ分析の担当を情報システム部門や経営企画、DX推進などの組織・担当者が兼ねるケースも多いようだ。通常業務で多くの経営課題に関わりながらデータ分析にのみ人的資源を振り向けるのは当然難しい面もあり、知見やノウハウの蓄積も進みにくい。

　高度なデータ分析などに対応したデータサイエンティストはどうだろうか。一般社団法人データサイエンティスト協会の調査によると、勤務先にデータサイエンティストが「いる」と答えた人の割合は、米国の32％に対して、日本は８％にとどまる。

　国内の大学でもデータ関連学部の創設が相次いだものの、企業側の旺盛なデータ人材需要に対して、依然として人的な供給が追いついていないとの指摘も根強い。

　こうした専門の組織や人員の確保を進めながら、分析ツールなどの活用で、誰でもデータ分析に取り組めるような環境を整備することも有用だろう。

データマネタイゼーションに取り組む意義

第 4 節

　本節では企業がデータマネタイゼーションに取り組んでいくうえでの考え方や具体的な進め方を解説する。

　企業がデータマネタイゼーションに取り組むモチベーションは何か。

　企業にとっては、自らに求められる成長期待に対してデータを使ってこたえる、という意図はあるだろう。既存事業の勝者が新事業で後れを取る「イノベーションのジレンマ」や、全ては移り変わるという仏教の「諸行無常」といった先人の知恵が示すように、企業は常に試行錯誤をしながら成長を模索していく宿命にある。

　経済を取り巻く環境が複雑さを増すなかでは、市場や顧客ニーズの変化、新たな競合の参入といった課題に手を打ち続けない限り、企業の継続的な成長は見込めない。手をこまぬいていれば長期的な衰退は避けられず、新規事業への参入はそのための試金石といえる。

　2000年代以降の米テック大手の隆盛とともに、新規事業をめぐる新たな潮流として、いくつかの手法が耳目を集めた。利用者の潜在的なニーズを観察・発見しながら創造的に解決へ導く「デザイン思考」や、アイデアを短期間で事業化したうえで市場ニーズを反映しながら改良する「リーンスタートアップ」などで、いずれも顧客のペイン（悩みや課題）の解決を主眼に置いている。

　日本企業でもこれらの考え方が2010年前後から急速に浸透し、様々な分野で新たな企画が誕生した。

　リーンスタートアップの主な方法論は、サービスのローンチ時から高品質な製品やサービスを提供するのではなく、まず必要最小限の機

能を持つMVP（Minimum Viable Product）を世に出し、顧客の声を瞬時に捉えてバージョンアップを繰り返して市場の受け入れを狙う手法だ。

俊敏に動けるスタートアップには適する一方、日本の大企業の場合は、規模の論理もあって当初より一定程度の幅広いターゲットを意識せざるを得ない。レピュテーションリスク（企業の評判を害する恐れ）に備えるうえでも慎重に向き合う必要があり、企業戦略を明確に転換させるには至らなかったといえる。

大企業の新規事業担当者や一部の投資家からは、そうした保守的な企業論理が自社の成長を妨げていると指摘する声もあった。しかし現実問題として、既存事業を支える調達や総務、法務、情報セキュリティーといった各種レギュレーションへの対応もあり、妥協せざるを得なかったケースが各所でみられた。かねて日本の大企業で目標とする収益を得られる新事業が生まれにくかった理由の1つともいえそうだ。

改めて日本の大企業に適した新規事業を考えたとき、自社がすでに競合ひしめく市場で一定のポジションを獲得している「既存アセットを活用した新規事業」が選択肢となりうるだろう。

自社のブランドや顧客基盤、販売チャネル、物流網、現行サービスやその基盤技術などを生かす形だ。大企業が既存ビジネスで築いたこれらの強みは、海外企業やスタートアップにとっての大きな壁となるため、全く新しい領域において顧客視点で検討する新規事業より成功の確率は上がる可能性が高いといえる。

こうした企業戦略とともに、近年のデータ量急増などの環境変化を捉えて、データをアセットの軸に据えた新たな事業戦略がデータマネタイゼーションの要諦となる。

もともとデータマネタイゼーションは既存事業をベースにしており、

関係は新規事業と既存事業の双方に深い。既存事業においては、新たな市場への進出や新サービス・製品の展開がデータマネタイゼーションの扉を開く一方で、データマネタイゼーションにより獲得したデータを既存事業にフィードバックして、価値向上やさらなる新しいデータにつなげることも可能だ。

　データマネタイゼーションには新規事業と既存事業の延長という2つの側面があるため、うまく組み合わせることで、さらなる成長が期待できる。

■容易でない「顧客がお金を払ってでも欲しい価値」の提供

　データマネタイゼーションとは、文字通り、データを活用してマネタイズすることだ。顧客が「お金を払ってでも欲しい価値」を提供することで初めて成立するため、実現は容易ではない。

　かつて人々の衣食住がほとんど満たされない近代以前は、供給力の絶対的な不足もあり、顧客に提供する価値の基準は現代よりも明確だったといえる。しかし産業革命以降に生活水準が向上して経済発展が進むと、そうした価値基準が複雑化し、顧客にとっても自らが求める価値が見えにくくなった。

　特に製品やサービスを提供する企業側には、顧客自身が意識していない不便を可視化する必要が生じた。多くの企業でデザイン思考や行動観察といった手法を駆使するのはそのためだ。

　こうした本業ではいわば当たり前である前提が、データマネタイゼーションになると当てはまらない事例が散見される。たとえば、次のような事例だ。

- データをマーケットプレイスやマッチングサイトにただ掲載するのみ
- データを顧客に見せて、買ってくれるかを聞いてみる

　いずれも顧客側からすると、データによって自社にどのようなメリットが得られるのかを想像しにくく、マネタイズにつながりにくい。データの提供者側が、明確な便益や課題解決につながるかを購入者に示す必要があるが、現状は追いついていない。

　こうした背景もあり、データマネタイゼーションの取り組みを企業の担当者に聞いたアンケートでは88％が「(マネタイズへの) 気運が以前より下がった」と回答した。現状のビジネスモデルにおけるデータマネタイゼーションの難しさを現場が意識している傍証といえそうだ。

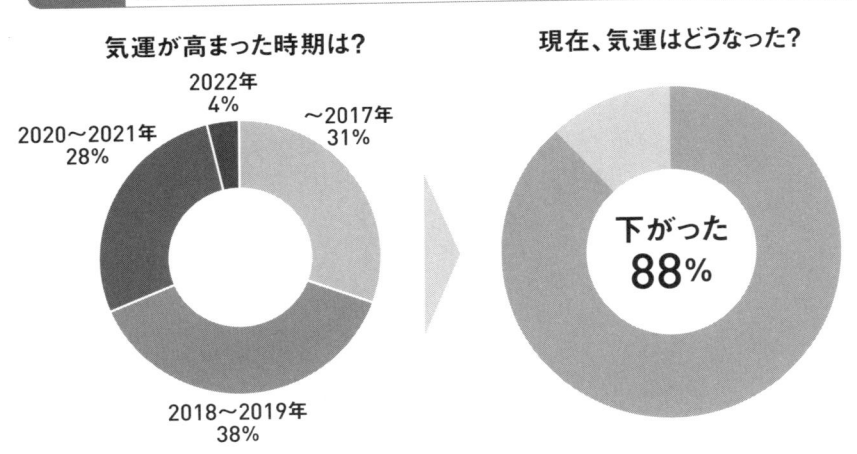

図2-2　数年前に各企業で高まったデータマネタイゼーションの気運、現在は？

気運が高まった時期は？

2022年 4%
～2017年 31%
2020～2021年 28%
2018～2019年 38%

現在、気運はどうなった？

下がった 88%

(出典)クニエ　(注)データマネタイゼーション企画者を対象としたアンケート調査

■試行錯誤を続けて 勝ちパターンを獲得する

　2000年前後、「インターネットバブル」や「IT革命」といったインターネット社会の到来を感じさせる言葉が飛び交うなかで、企業は新たなビジネスチャンスに向けたマネタイズ確立の試行錯誤を続けてきた。取り組みが奏功して新たなネットビジネスの商機を得た企業がある一方、少なくない企業は自社のホームページ構築といった限定された領域にとどまっていた。

　しかしネットが黎明期から成熟期に至り、さらなる普及が進むと、新たな機能が指摘されるようになった。各分野で残る「情報の非対称性」を埋めるのにネットが有効であるという共通認識だ。そして様々

図2-3　トライ&エラーを繰り返しながら「勝ちパターン」を見つけていく

（出典）クニエ

な種類のマッチングサイトやプラットフォームが生まれ、情報格差を解消してきた。

　個人と店舗・企業をつなげる飲食店検索サイトや不動産検索サイトといった消費者向けのマッチングプラットフォームや、物流のマッチングサイト、製造業向けの検索サイトといった企業間（BtoB）取引を対象としたサービスが多くの業界で生まれ、競争が加速している。

　ネットの例でも明らかなように、新しい機能や技術、考え方が世の中に広まって社会に実装されるまでには、様々な試行錯誤（トライ・アンド・エラー）を繰り返す必要がある。いわば初期フェーズのデータマネタイゼーションから新たな勝ちパターンを得るために、欠かせない生みの苦しみともいえそうだ。

■人気のパーソナルデータ、 取り扱いには注意も

　パーソナルデータはデータマネタイゼーションで人気のある領域だ。たとえば消費関連のデータは景気や企業業績の先行きを見る指標として、市場関係者などからの一定の引き合いが期待できる。パーソナルデータを使った様々なビジネスも生まれており、マネタイズの実現可能性は比較的高いと考えられる。

　しかし個人情報保護に関する規制が世界各国や地域で厳格さを増すなかで、企業がパーソナルデータを取り扱う難易度は以前より上がっており、リスクもつきまとう。特にデータマネタイゼーションを新たに検討する企業にとってのパーソナルデータは、ややとっつきにくいイメージもありそうだ。

　前提として、企業が現時点で保有しているパーソナルデータは個人

情報保護法などの規制に基づき、利用の目的や範囲（データを利用する企業、組織）などが限定された形で個人との契約が結ばれている。そのため、パーソナルデータをそのままの形で外部企業などに提供することはできない。データマネタイゼーションを考える場合は、主に下記の2パターンがある。

①個人から再度、利用許諾を得る

　個人に対して、新たなデータの利用目的と提供先を明示して契約を結び直す。アプリなどを利用している際に、これらの許諾を求められた経験のある読者も多いだろう。

　メリットとしては、個人から許諾を得たことでパーソナルデータを統計情報として加工する必要がなくなる点が挙げられる。もちろん統計情報から個人が特定される可能性を排除するための仕組みやロジックは不可欠だ。

　一方のデメリットとしては、既存顧客である個人からネガティブな印象を持たれたり、客離れのリスクが高まる懸念がある。またデータの利用用途や提供先に不信感を持たれた場合、期待するデータの数量を確保できずにデータマネタイゼーションの成立が難しくなる可能性も残る。

②個人情報保護の規制に沿った形でデータを加工

　個人情報保護の各種規制にのっとり、個人が特定できないデータに加工する。こうした加工の方法は、実際には個人情報保護法で明確にされているわけではない。最終的な判断がデータマネタイゼーションを進める企業に委ねられている点に注意が必要だ。

　パーソナルデータの加工は、統計加工情報や匿名加工情報、仮名加

工情報、個人関連情報などの様々な種類があり、第三者提供の方法や範囲などが定められている。

　最大のメリットは、個人から再度の許諾を取る必要がない点だ。再契約の煩雑な手続きやデータ利用への不信感を呼び起こすなどで個人顧客の離反を招きかねないリスクは避けたいという企業は多いだろう。

　一方のデメリットとしては、パーソナルデータの加工の判断や結果責任が企業自身に委ねられている点がある。法的な対応において、自社の法務担当との協議のほか、場合によっては社外の専門家や行政機関への問い合わせを繰り返すなど、運用にかかるコスト負担が増す可能性がある。

　また、ネット上での「炎上」リスクなどが完全になくなるわけではない点にも注意が必要だ。

COLUMN

新規事業の検討の起点をどこに置くか

　企業が新規事業を考える際、起点をどこに置くべきだろうか。主なアプローチは下記の4点になる。

① **顧客起点・顧客課題起点**
② **競合他社が出しているサービス起点**
③ **企業のアセット起点**
④ **将来像からバックキャストで検討**

　①は米テック企業の急成長で注目されたアプローチだ。デザイン思考や行動観察などを駆使して顧客の課題をいかに正確に捉えるかを意図したもので、日本企業でもリクルートがサービスにおいて社会の「不」のキーワード（不満、不安、不足、不便、不快、不都合など）の解消を社内で用いていた。

　競合他社の作ったサービスが生み出した市場に参入する手法が②だ。すでに受け入れられている商材やサービスのアンメットニーズ（まだ満たされていないニーズ）を狙っており、このアプローチでユニークな視点を提唱したのが「ブルーオーシャン（未開拓市場）」戦略だ。既存の製品・サービスとは異なる価値を提供することで、新たな顧客獲得を狙っている。

　データマネタイゼーションは主に、③のアプローチの一種としてデータを主軸に据えている。データのほかにも、顧客基盤や既存サービス、技術開発など様々なアセットがありうる。

　未来の業界などのあるべき姿から逆算して解決策を探る「バックキャスト」型の④も、日本企業の新規事業創出で注目されるアプローチ

の1つだ。現実味のある①〜③の手法では手詰まり感のある場合や、近視眼的な思考を離れた大胆な戦略を練るうえで用いられるケースが多い。

　新規事業を本格的に進めるうえでは、最終的に①〜④の全てを満たす必要がある。まずどこから始めるか、何を優先するかといった観点で関係者の意識を揃えて進めるべきだ。また、①〜④それぞれについて、課題を明らかにし、下記のA〜Dの4つの疑問もあわせて確認したい。

A. 顧客は誰か、お金を出してでも解決したい課題は何か？
B. 競合他社との差別化要素は？
C. 簡単に追随を許さず優位に立つために活用する自社のアセットは何か？
D. その企画は将来的にどこに向かって何を実現するのか？

3

データマネタイゼーションは
いろいろ

第3章からデータマネタイゼーションの実践編に入っていく。
自社の事業ポートフォリオでデータマネタイゼーションをどう位置づけるかは、
今後の事業展開の先行きを占う重要なポイントだ。

第1節 | 既存事業の延長か、新規事業か

　一口にデータマネタイゼーションといっても、その種類や手法は様々だ。すでに営んでいる事業との関係性や、新規事業として手掛ける場合の分類など、自社にあった方法を考える必要がある。本節では既存事業との関係性を示す。

　既存事業との関係性でデータマネタイゼーションを分類すると、自社の既存事業で得たデータを活用するのが基本的な形だ。データを生み出した既存事業に対する位置づけでは、主に下記の3つに分類できる。

①社内業務の改善による利益貢献
②既存事業への価値追加
③新規事業による価値創造

　①は自社のみを対象とし、既存事業に関係する社内組織への貢献を目指している。一方で②と③はいずれも顧客が社外で、②は既存事業の延長、③は新規事業となる。

　既存事業との関係性の観点で整理したのが次のページの表だ。

　顧客が社内か社外かといった選択に加えて、データを生み出す既存事業の成熟度についても考えたい。既存事業が成長する段階ならば、データマネタイゼーションで本業の成長を促したり、次の新規事業への下地づくりも視野に入る。

　一方、既存事業が成熟期の場合は、蓄積した大量のデータをテコに

図3-1 **既存事業との関係性で見ると…**

		既存事業の成熟度 （成長余白の大きさ）			パターン	定義
		成長フェーズ （余白が 大きい）	成熟フェーズ （余白が 小さい）	（1）	社内業務の 改善による 利益創出	・データを活用して自社の業務を改善し、収益の増加もしくはコストダウンすること ・単に業務時間が短縮されただけでなく、たとえばコスト削減などの貢献が条件
価値の提供先	社外	（2） 既存事業 への 価値追加	（3） 新規事業 による 価値創造	（2）	既存事業 への 価値追加	・データを活用して既存事業の財・サービスに、新たな価値を付加すること ・新たな価値で直接的に課金する、もしくは、リテンション（つなぎ留め）による顧客獲得など間接的なマネタイズも存在
	社内	（1） 社内業務の改善 による利益創出 （コスト削減・再投資）		（3）	新規事業 による 価値創造	・データを活用して、新しいターゲットに、新しい価値を提供し、新たな収益源を獲得すること ・単にデータを販売する形態や、ソリューションを提供する形態など様々なパターンが存在

(出典) クニエ

データマネタイゼーションによる新規事業がすでに整っているケースもある。

　新規事業の度合いが高まるほど関係する組織や人数が増えて必要とする経営資源が大きくなり、実現の難易度も高くなる。自社の現状や目的により、どのパターンを選ぶか判断したい。

■社内業務の改善で利益を生む

　自社における業務の効率化や高度化により、社内組織への価値提供

を目指す。効率化にとどまらず収益の増加を狙ったり、データを単に蓄積するのではなく分析・解析をする点などで、従来のDXやソリューションと方向性がやや異なるといえる。

マネタイズの対象は主に既存事業のバリューチェーンから生み出されたデータだ。仕入れや製造、マーケティングといった業務に関するものから、総務や人事といった管理部門のデータも含まれる。

データマネタイゼーションに対するイメージは、企業が社内のデータを社外へ販売して収入を得る形が一般的だ。しかし社内の別組織が相手であっても、データをもとに顧客（この場合は自社）に価値を提供（自社の利益を生む）という点で形は同じといえる。

顧客となる社内の組織に対しては、たとえばデータによって部署全体やそこで働く人の業務に関する不安や不満などのペインの解消を図る目的が考えられる。属人化によって業務の意思決定や判断基準があいまいになるという課題に対して、新たなデータ活用によって明確な数値基準の導入やノウハウの共有に向けたマニュアル整備を進める、

図3-2　社内業務の改善による利益貢献

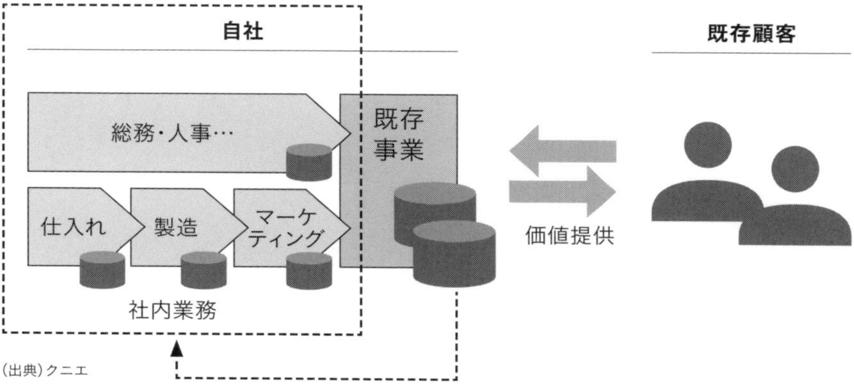

（出典）クニエ

といった取り組みだ。

　必要に応じてデータ同士を組み合わせて提供したり分析を加えるなどで、経営資源の余剰をあぶり出して効率化を図ったり、あるいは投資すべき領域を見出して成長策につなげる、といった貢献も可能だ。

　多くの業界や企業ではすでに、こうしたデータ活用が進んでいる。バリューチェーンで蓄積された購買データを需要予測や業務の効率化に活用したり、販売部門が持つデータの季節変動を分析して、仕入れにおける適切な量やタイミングを試算する、といった事例だ。マーケティングにおいても、顧客の属性データやPOSデータなどが使われることが多い。

　業務部門におけるデータマネタイゼーションは、売り上げの増加や調達費の圧縮といった形で当該部門の成績に直結する。財務指標の改善などの成果が見えやすいことから、担当者のモチベーション向上にもつながりやすい。

　一方のバックオフィス部門のデータマネタイゼーションにおいても、取り組みが企業全体の業績や財務体質の改善に寄与するのは同じだが、一般に業務部門に対して歩みは遅れがちだ。

　管理業務の現場からは、データ活用による効率化が進めば現状の組織や人員の余剰が露わとなり、自部門を巻き込んだ組織見直しなどを招きかねないことから積極的に導入する気にはならない、といった本音も聞かれる。とはいえデータ活用によるバックオフィス業務の効率化が進めば、浮いた費用を成長部門に再投資するといった形で企業の発展に貢献できる。

　リスキリング（学び直し）による人員の効率配置などとあわせて、今後の管理部門におけるデータマネタイゼーションの広がりに期待したい。

データマネタイゼーションにおける顧客が社内部門であれば、データの利用者は社員らに限られる。導入の効果を高めてメリットを広く享受するには、社員が部署の垣根を越えて全社のデータにアクセスしやすくしたり、共通で使える可視化や分析のツール導入などでデータ分析の利便性を高めることも、社内利用を促す有効な手段だ。

まずは社内のデータについて、社員であればできるだけ担当領域以外でもアクセスしやすい環境にするのが望ましい。機密情報などの厳重管理は当然だが、たとえば部署内では誰でも閲覧可能で部署外に見せても問題のないデータを積極的に社内で共有すれば、新たな営業提案などにつながる可能性もある。

社員のデータへの理解を高めるため、利用のための申請や承認フローなどの最適化、大量のデータを扱うためのデータプラットフォームの導入なども視野に入れたい。

部署ごとに管理・保存しているデータは、形式や中身も千差万別で、そのままでは加工できない場合も多い。異なる形のデータを横断的に扱い高度な分析を加えるにはデータサイエンティストなどの専門家の手を借りる必要も出てくるが、データ活用の経験や知識のない社員であってもBIツールなどで簡易な分析や可視化は可能だ。

ツールの導入による各部署の業務最適化とともに、データ共有による社内全体での業務の最適化も進めたい。

社内業務の改善による価値創出では、日用品メーカーが自社サイトでの顧客の行動履歴をマーケティングに活用したり、衣料品企業が近隣店舗の売れ筋商品データをもとにほかの店舗での商品発注につなげる、などの事例がある。

図3-3 社内業務の改善による価値創出の想定例

	日用品	衣料品	飲食店	電力・ガス	保険
活用データ	**顧客行動データ** 顧客の行動履歴や購買履歴など	**POSデータ** 各店舗の在庫データや販売データなど	**顧客データ** 客層や時間帯別の注文情報など	**製品状態データ** 機材の故障対応履歴など	**商品データ** 補償内容の設計データ、契約内容など
改善業務	**マーケティング業務** 顧客離反の要因分析、施策のA/Bテストなど	**発注業務** 直近の売れ行きをもとにした自動発注など	**調理・提供業務** 需要予測に基づく調理量・タイミング最適化など	**メンテナンス業務** 訪問タイミングの最適化など	**商品設計業務** 顧客ごとの状態に合わせた保険商品の設計など

(出典)クニエ

■既存事業の顧客に、データで加えた価値を提供

　社外における既存事業の顧客に対して、データマネタイゼーションによってそれまで以上の価値を提供して顧客満足度を高める。事情を知る既存顧客が相手であるため、データで潜在的なニーズの見極めやペインの解消を実現できれば、本業における取引の拡大に加えて新規事業の契約といった収益増にもつながる。

　対象のデータは、バリューチェーン発の業務データに加えて、既存事業における顧客データが重要だ。年齢や性別などのデモグラフィック情報や、製品・サービスの利用頻度や時間、満足度といった利用実

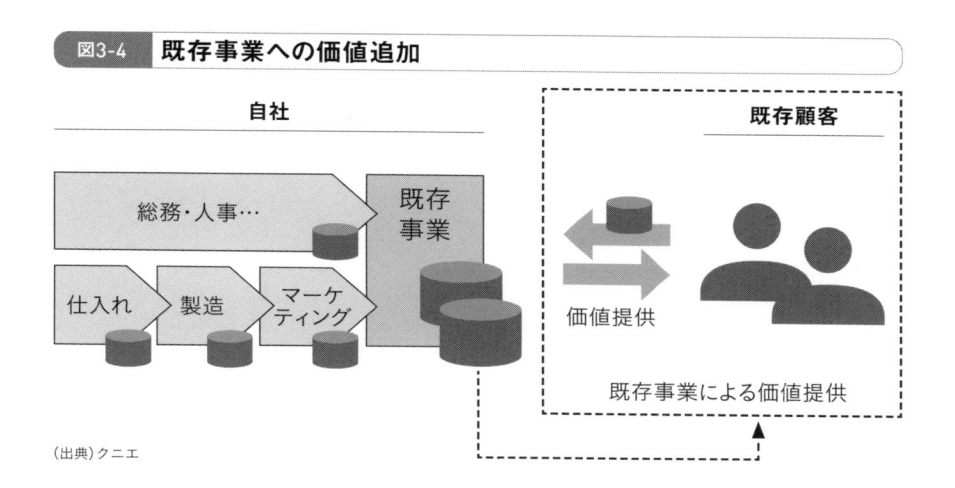

図3-4　既存事業への価値追加

（出典）クニエ

態などが含まれる。

　これらのデータを分析し、既存事業の顧客に対しては自社サービスへの潜在ニーズのあぶり出しやペインの解消を図る。今後の取引を期待できる潜在顧客を含めて、将来のLTV（顧客生涯価値）の向上などの機会につなげる。

　たとえば、消耗品の交換を促すアラート情報だ。製造業における工場の装置や部品の劣化・消耗などによる操業の停止は、サプライチェーン全体における信頼を損なうリスクとなりうる。既存事業の顧客に対して、自社の製品・サービスの利用状況などから事前のアラートや故障予測を提示できれば、既存顧客の満足度向上にもつながる。

　すでに多くの企業が導入している取り組みだが、IoT機器の急速な普及とともに、すそ野は急速に広がっている。

　顧客企業のニーズ・ペインを把握するうえでもIoTの役割は重要だ。リアルタイムでの利用状況などを正確に測定し、顧客企業が自社のサービスに対して何を望み、何に困っているのかの仮説を立てて検証す

る。必要であれば他社からのデータ購入や、顧客への直接の聞き取りなども検討し、顧客の課題理解に近づきたい。

　前述の業務データと顧客データは、いずれも同じ既存事業を対象としたものだ。データを連結してそれぞれの角度から分析することで、機能の追加や業務の改善で顧客の課題を解決する、といった判断もできる。

　連結のしやすさや使い勝手を考えれば、業務データと顧客データは同じプラットフォームで運用される形が望ましいが、実運用においてはクレンジングの手間などがかかる場合もある。クラウドサービスなども活用し、必要なデータから取り組みたい。

　業務データと顧客データを扱うにあたって、組織横断的な体制が必要となってくる場合もありうる。部署間の連携強化やプロジェクトチ

図3-5　社内業務の改善による価値創出（想定例）

	情報機器・通信機器	自動車部品	機械	システム・ソフトウエア	半導体・電子部品
既存事業	**OA機器** 複合機やプリンターの製造・販売など	**計器・メーター** 自動車用の計測器の製造・販売など	**建設機械** 建設機械・産業機械の製造・販売など	**名刺管理** 名刺のデジタル化、クラウド管理の提供など	**ヘルスケア機器** 家庭用・医療用機器の製造・販売など
	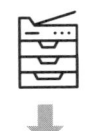				
追加した価値	トナーの交換や、メンテナンスのタイミングの提案など	運行データと事故データのAI解析による事故予測など	建設機械から取得したセンサーデータの分析によるプロセス最適化など	名刺情報と企業情報の統合による取引リスクの可視化など	機器から取得したデータによる、遠隔診療のサポートなど

（出典）クニエ

ームの組成なども検討し、顧客のペイン解消に向けた取り組みを進めたい。

●

　既存事業への価値追加では、OA機器メーカーが顧客先のオフィス内に設置したIT機器やソフトウエアから得たデータをAIで分析し、ほかの既存サービスに役立てているなどの事例がある。

■新規事業で、
　既存事業と異なる価値創造を目指す

　データマネタイゼーションによる新規事業で、新たに開拓する顧客への価値提供を目指す。既存事業で得たバリューチェーン発の業務データや、既存事業における顧客データが対象だ。

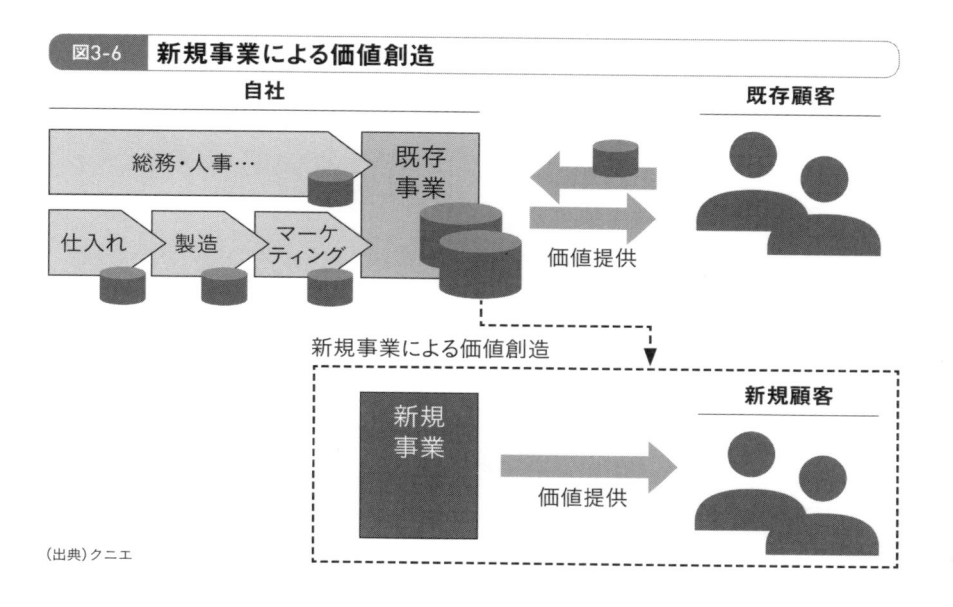

図3-6　新規事業による価値創造

（出典）クニエ

既存事業のマネタイズと比べて、新規事業化の成功事例はまだ増えていない。MaaS（次世代移動サービス）などの民間主導によるデータプラットフォームや、データ売買の場を提供するデータマーケットプレイスなど、今ある枠組みをベースに新たな事例も増えていくと考えられる。

　データマネタイゼーションの新規事業化では、保有データの価値の明確化が重要だ。同じデータであっても顧客が求める価値は異なるため、たとえば位置データでも通勤・通学の人の流れが重要だったり、休日の混雑状況に価値を見出す場合もある。顧客に価値を提供する対象データをイメージするための洗い出しなども進めたい。

　顧客のニーズやペインの把握も重要だ。勝手がわかる既存事業の顧客とは異なる新たな層も対象となるため、市場調査や顧客へのヒアリングなども含めて顧客ニーズやペインへの理解度を高める必要がある。

　さらに自社の保有データのみで顧客に価値を提供することが難しい場合、自社にはないデータを保有する企業との協業や、社外からのデータ購入も視野に入る。

第 2 節　新規事業としての データマネタイゼーション

　本節ではデータマネタイゼーションを新規事業とする場合のビジネスモデルを示す。

　新規事業としてデータマネタイゼーションに取り組むことは企業にとって大きな決断を伴い、今後の成長を占う試金石にもなってくる。本章ではビジネスモデルの視点で詳しく紹介する。

　データマネタイゼーションを新規事業とするうえでは、大きく3つのビジネスモデルに分類できる。

> **A.　データプラットフォームモデル**
> **B.　データマーケットプレイスモデル**
> **C.　ソリューションモデル**

　Aはデータプラットフォームやデータ連携基盤などの枠組みを構築して、自社の保有データや社外からの購入データをサービスの形で提供する。

　Bはデータ売買における場や仲介、マッチングなどの機能の提供が主眼となる。個人情報保護などの法的対応やシステム構築などを支援する企業も出ている。

　Cは特定の顧客に対するペイン解消を目的に、データの販売やサービスの提供、コンサルティングなども含むビジネスモデルだ。

　ビジネスモデルを選ぶ際は、データ利用における汎用性（使いやすさ）と、これから参入する領域や市場の成熟度の2軸で見る必要があ

図3-7 「新規事業による価値創造」のビジネスモデル

		これから参入する領域・市場の成熟度	
		黎明期〜	〜成熟期
データ利用における汎用性	高い	B：データマーケットプレイスモデル	
	低い	A：データプラットフォームモデル	C：ソリューションモデル

(出典)クニエ

る。

　自社の保有データが、業種などを問わず多くの顧客からの利用が期待される場合は、幅広い顧客を対象とするマーケットプレイスを目指しても良さそうだ。

　半面、特定の業種や企業への訴求力が高いデータについては、プラットフォームにおける価値提供や、ソリューションなども有効だろう。

　汎用性のあるデータであっても、顧客のニーズに特化したサービスに加工することは可能だ。顧客価値の大きさや競争優位性などを踏まえたモデル選びが重要となる。

■データプラットフォームモデル

　自社の保有データや社外から購入したデータなどを組み合わせて、顧客に対する新たな価値の提供を目指す。データそのものを提供する形や、データを活用するアプリや開発環境の構築、コンサルティング

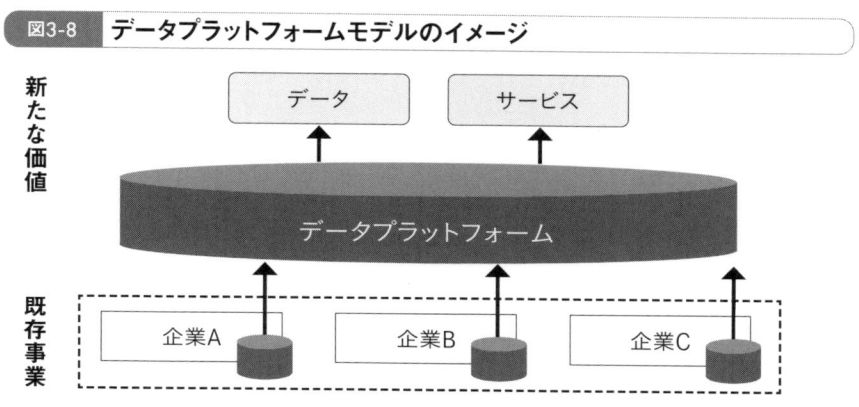

図3-8　**データプラットフォームモデルのイメージ**

（出典）クニエ

を含むソリューションなど、顧客に提供する価値の形は様々だ。

　プラットフォームを構築するプラットフォーマーが、参加者からデータの利用料金や参加費などの形で収入を得るのが基本形となる。特定の領域に特化して作られることが多いのも特徴だ。

　これまでの巨大プラットフォーマーは顧客動向など様々なデータをテコに成長しており、データマネタイゼーションにおけるプラットフォームモデルとも分類できる。業界団体や大企業が連携してデータプラットフォームを構築したり、政府や地方自治体などの公共団体が運営主体となるケースもある。

　データプラットフォームモデルを目指す企業にとって、自社のみでの運用が難しい場合は競合他社を含む業界横断の枠組みや、各社の既存のデータプラットフォームを連携するといった形も視野に入る。

　プラットフォーマーが参加者や協力者を集めるうえでは、自社が率先して価値を提供する方法の手本を示すといった取り組みが欠かせない。

競合他社も加わったデータ連携の場合は、どこで協調し、あるいは競争するかの領域を明確に示すことが重要となる。業界全体として取り組む課題の解決や、全体で恩恵を享受できるテーマについては協調し、企業同士が競い合う領域とは切り離す形だ。

　こうしたデータプラットフォームは、企業の顧客に対する新たな価値提供にもつながる。一方で、業界の中には異なる軸での戦い方を余儀なくされ、それまでの競争優位性を損なう老舗企業などが出てくる可能性もある。

　MaaSによるデータプラットフォームモデルを例に示す。自動車や鉄道、バス、航空などの企業は顧客と自社の関係性を重視し、同じ移動手段の担い手である同業他社を主な競合先としてきた。業種横断的なデータプラットフォームが作られることで、移動手段の枠を超えた最適経路といったデータの可視化が可能となり、利用者の利便性は高まる。

　一方で、企業にとっては従来の顧客と自社に加えて、（ほかの移動手段を含めた）他社との関係性も重要な判断指針となってくる。プラットフォーム上で利用者の求める価値を提供できない場合は、自社が利用者から見放される懸念も生じる。

　経営で重視するKPI（重要業績評価指標）についても、利用者の獲得増や効率的な運航によるコスト圧縮などに加えて、利用者が求める移動時間の短縮や最安値の実現、経路における体験型消費の提案などを念頭に置く必要が出てくる。

　協調と競争の領域で考えると、各社の収集データによる共通データベースや検索ロジックなどの構築では連携し、アプリについては各社それぞれの競争領域とする切り分けも有効だ。

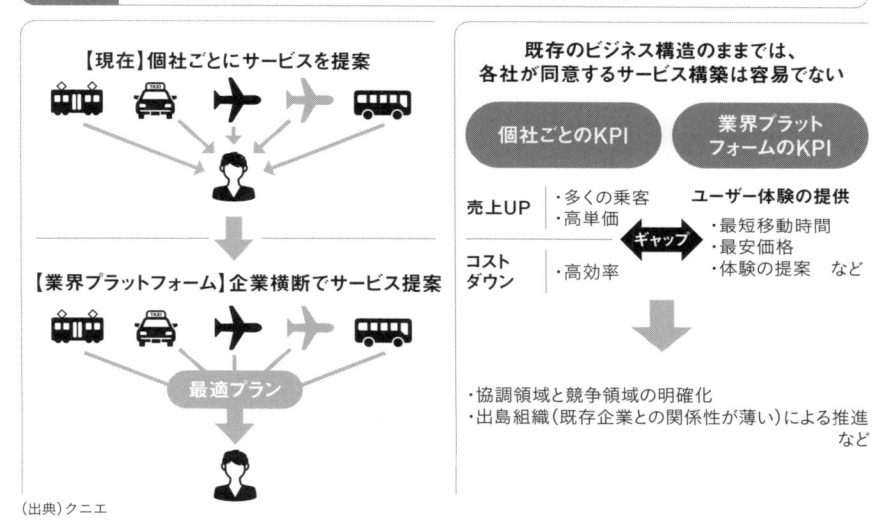

図3-9　**データプラットフォームモデルならではの難しさも**

（出典）クニエ

　既存の業界構造などを残しながらデータプラットフォームを進めるには、企業が直接する形ではなく、各社の出資するジョイントベンチャー（JV）が運営の担い手となる形もある。多くの企業の参加を促す場合は特に、参加者が納得しやすい線引きを考えたい。

　データプラットフォームモデルは、製造業や流通など幅広い業界で事例が増えつつある。

　医療データサービスを展開するソフトウエア企業は、複数の健康保険組合からレセプトデータや健診データなどを取得・蓄積してデータベースを構築した。個人を特定できないようにデータを加工したうえで、データの販売や分析環境の提供、製薬企業などへのコンサルティングサービスの提供などを想定している。

図3-10　データプラットフォームモデルの想定例

	システム・ソフトウェア（医療）	システム・ソフトウェア（公共）	自動車	不動産	官公庁
データ収集元	・医療機関 ・保険会社 ・製薬企業　など	・防災機関 ・インフラ管理機関 ・自治体　など	・自動車会社 ・ドライバー　など	・都市インフラ管理機関 ・エネルギー会社 ・住民　など	・気象庁 ・農業機関 ・農業従事者　など
収集データ	・電子カルテ ・健診データ　など	・災害情報データ ・インフラデータ など	・車両センサーデータ ・運転履歴　など	・交通データ ・エネルギーデータ など	・気象データ ・農地・作物データ
	・新薬の開発や既存薬の効果検証 ・保険商品の開発 など	・災害予測・警戒による災害対応の迅速化 ・インフラの早期復旧　など	・車両メンテナンスの最適化 ・交通事故の減少 など	・スマートエネルギーマネジメントによるエネルギーの最適配分　など	・農作業支援、病害虫予測による農作業の効率化 など

(出典)クニエ

　自動車関連企業が専用通信機器搭載車から収集した車両データやインサイトは、カーシェアリングやライドシェア、安全運転の度合いに応じて保険料金が変わるテレマティクス保険といった新たなサービスの構築にも使われている。

　農業・食品産業技術総合研究機構が運営する農業関連のデータプラットフォーム「WAGRI」では、農業従事者の営農データや、農業サービスを提供する企業が取得・保有しているデータなどを横断して収集・連携している。

■データマーケットプレイスモデル

　データを出品する売り手と買い手による取引や流通の場（データマーケットプレイス）を提供する。円滑な売買に向けたマッチングや販売仲介で得る収益や、手数料などが収益源となる。

　データマーケットプレイスは幅広い領域をカバーするものから、ニッチな分野への特化など、規模や形は様々だ。運営企業のほか、システムの構築や、個人情報保護・利用許諾の対策といった周辺業務を担う企業もある。

　課題として指摘されるのは、市場に参加する売り手と買い手の間にある意識のギャップだ。出品者側の目的が「データを売る」という点で明確であるのに対して、購入者側がデータマーケットプレイスを訪れる理由は様々だ。自社の課題解決が目的である場合は、データそのものよりデータから得られるインサイトを求めている場合もある。

　データには無限ともいえるバリエーションがあるため、利用者が参

図3-11　データマーケットプレイスモデルのイメージ

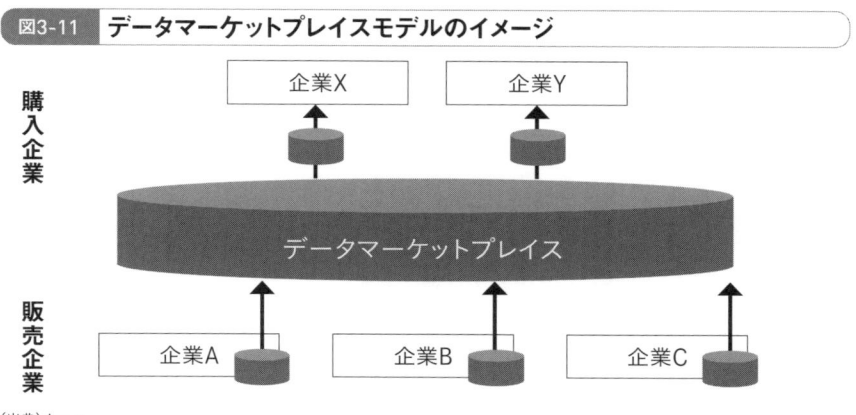

（出典）クニエ

加のメリットを感じるクリティカルマス（普及の分岐点）に達するのが難しい面もあるだろう。

　単にデータを購入しても使い道に迷う利用者に対しては、「インサイトを想像できるデータカタログやユースケースの拡充」（延川裕樹・日本データ取引所COO）や、後述のソリューションによる顧客サポートなどが、今後のデータマーケットプレイスモデルの拡大のカギとなってきそうだ。

　データマーケットプレイスモデルは、インターネット経由で様々なサービスを提供するクラウドコンピューティングや形式の異なる多様なデータを保存する「データレイク」を展開する企業などが、主に自社サービスと連携させたデータ流通の場を提供している。米アマゾ

図3-12	「JDEX」の画面イメージ

（出典）日本データ取引所

ン・ウェブ・サービス（AWS）や米マイクロソフト、米Google Cloud、米スノーフレーク（Snowflake）などだ。

日本データ取引所は、総合商社の兼松などによる共同運営プロジェクトを母体に、2020年にデータマーケットプレイス「JDEX」を開設した。データ提供側の出品に加えて、データ利用者側からの検索やリクエストも可能で、2024年9月時点の登録社数は301と、2023年6月の200から増加した。

データ取引システムは、売買の参加者のほかに認証機関や情報セキュリティー企業、各クラウドサービスなどと接続して市場機能を構築している。ソリューションではデータサイエンス機能の提供やマーケ

図3-13　「QUICK Data Factory」の画面イメージ

（出典）QUICK

ティング支援なども手掛ける。

　QUICKの「QUICK Data Factory」は、株式リスクプレミアムや地域金融機関の財務データなど、同社が得意とする投資家向けなどの金融・証券市場データと他社のデータを同じ仕組みで扱えるのが強みだ。

　データ分析の高度化や可視化を支援するソリューションサービスにも力を入れている。

■ソリューションモデル

　自社の既存事業で得たデータや他社からの購入データをもとに、顧客に対して既存事業とは異なる価値の提供を目指す新規事業の1つの形がソリューションモデルだ。ターゲットとなる顧客のニーズやペインを明確にすることで、コンサルティングなどを含めたソリューションの価値提供による対価を得る。

　想定する顧客はユースケースによって様々だ。自社の保有データが対象の場合は既存事業に関連した企業が顧客となる事例もある。前述のデータプラットフォームモデルやデータマーケットプレイスモデルと比べて、日本などでは取り組みが比較的進んでいる面もあり、様々な分野での実績がある。

　企業がソリューションを始める場合は、新規事業として取り組む形が望ましい。マネタイズする保有データが決まっているため、想定顧客のニーズやペインの把握と、保有データの価値の明確化を図るという両面での取り組みが重要となる。

　ソリューションの事例は幅広い。生産や在庫、物流などの運用デー

図3-14　ソリューションモデルのイメージ

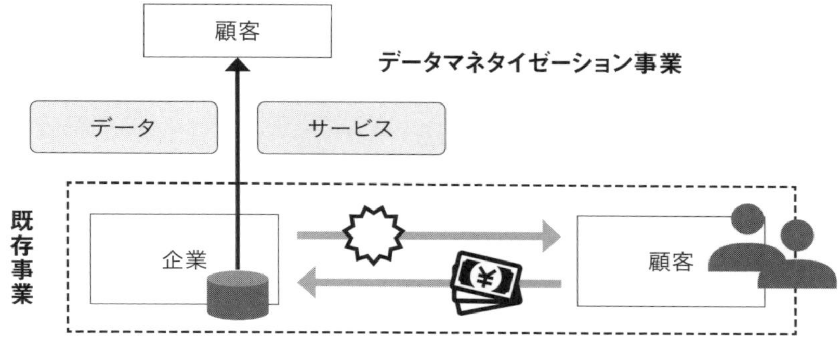

（出典）クニエ

タや、スマートフォンのアプリから得る利用者の生活や健康の情報、
人工衛星で撮影した画像データなど、多様なデータが対象となってい
る。バイオ・医薬品企業は、細菌検査などで得たデータに匿名化処理
を加えて、病院やヘルスケア企業などへの販売を想定している。

図3-15　ソリューションモデルの主な想定例

オペレーション データ

業務システムにおいて
生成されるデータや
取引明細データなど

主な想定例

・ 工場の製造機器に取り
付けたIoTデータを収
集し、効率的な製造に
活用
・ 会計システムから財務
状況を把握し、短期間
でレンディング（トランザ
クションレンディング）

カスタマー・ 販売データ

販売データや、
CRMシステムにおいて
管理される会員カード
データなど

主な想定例

・ POSデータによりメー
カーが実需を把握した
り、小売店がマーケット
の情報を把握
・ クレジットカードの利用
状況を統計加工し、経
済状況を把握

センサーデータ

GPSなどの位置情報、
温度、加速度の
センサーなどで
取得される
データ

主な想定例

・ スマホの位置情報を出
店計画、都市計画、防
災に活用
・ 自動車の位置・加速度・
速度情報を安全運転や
運行管理に利用

地理・ 衛星データ

空間情報や、人工衛星
で記録した地形や
海上などの
画像データ

主な想定例

・ 衛星データによる災害時
の損害状況の早期発見
・ 海上の風力判定による風
力発電所の設置計画策
定支援
・ 工事現場やダムなどの
人が入りづらい場所のモ
ニタリング

オフィスデータ

オフィスのパソコンで
作成される文書ファイル
やEメールなど

主な想定例

・ コピー機で印刷する紙
の内容をOCRでデジタ
ルの文字として認識し、
印刷をソートしたり、管
理表を自動作成
・ PCの操作ログを分析
し、効率的な操作・業
務を提案

ウェブサイト データ

ECサイトなどで
蓄積される購入履歴、
ブログエントリーなど

主な想定例

・ マーケットプレイス事業
者による小売事業者向
けのトランザクションレン
ディング
・ 献立サイトなどの特定
サービスの検索履歴を
食品メーカーの商品企
画や販売・プロモーショ
ン企画に活用

SNSデータ

SNSへ参加者が
書き込むコメントや
プロフィール
情報など

主な想定例

・ SNSのコメントを分析し
てインサイトを提供
・ SNSのコメントに合わせ
た広告配信

アプリデータ

利用者がアプリを通して
記入する生活情報や
健康情報など

主な想定例

・ フィットネス系のアプリの
利用状況をフィットネス
グッズメーカーの商品企
画や、販売・プロモーショ
ンに活用
・ 健康管理アプリの利用状
況を医師の診断に活用

（出典）クニエ

データ分析のマネタイゼーション

　売上高営業利益率が50％を超えるなど高収益で知られるキーエンス。同社は製造業のFA機器の総合メーカーでありながら、新規事業としてデータ分析プラットフォーム「KI」を数百社に外販し、製造業以外の幅広い市場にもビジネスを広げた。データマネタイゼーションに関連する先進事例と言ってよいだろう。

図3-16　「KI」の画面イメージ

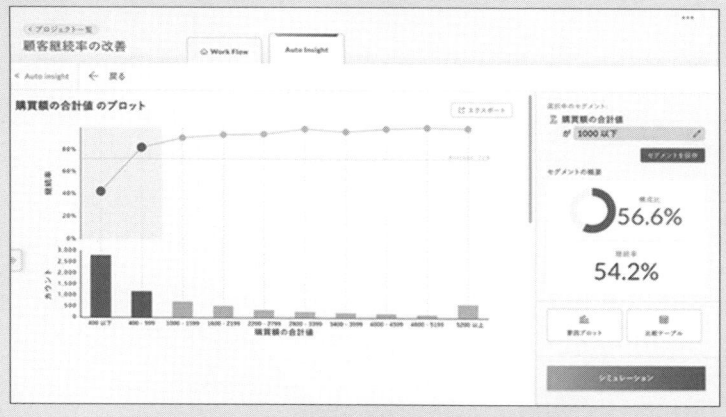

(出典)キーエンス

　KIは、キーエンス社内での20年以上のデータ活用経験をもとに開発された。高度なデータ分析スキルを持たないビジネスユーザーでも、日常的にデータをビジネスに生かせる環境を構築できる。

　生成AIによる分析支援や要因を深掘りする機能といった同社のノウハウをオールインワン型で搭載したほか、企業が導入しやすいサブスクリプション（定額課金）形式を採用した点も、市場の評価を得ている要因とみられる。

第3節 データやインサイト、アクションを提供

　データマネタイゼーションで顧客に価値を提供するには、前述の「既存企業との関係」を縦串とすると、横串にあたる提供手段を考える必要がある。本節ではデータによる価値提供の３つの方法を解説する。

　データマネタイゼーションで顧客に価値を提供する方法は、主に下記の３種類に分けられる。

①データのみを提供
②インサイトを提供
③アクションを提供

　①はデータをそのまま顧客に提供する形だ。データを丸ごと渡したり、利用権限の付与やデータ分析環境を設けるといった形もあるが、分析などは利用者自身が手掛ける。

　②はデータそのものではなく分析リポートやレコメンド（推奨）情報、アラートなどの形で、データから得られるインサイトを提供する。利用者にとって、分析結果は自社が判断するための参考となる。

　これらのデータやインサイトをもとに、顧客のペインを解消するための具体的なソリューションやサポートを提供するのが③だ。利用者の動きに直接関わる形ともいえる。

　価値の提供方法を選ぶには、まず顧客がどんな目的でデータを購入するのかを理解する必要がある。

図3-17　「データによる価値提供」の分類

		カテゴリーズのレベル（データの活用目的における共通点）	
		ペインレベル	ソリューションレベル
データの活用目的のカテゴライズ	できる	②インサイトを提供	③アクションを提供
	できない	①データのみを提供	

(出典)クニエ

　想定される顧客層が幅広く、利用目的も多種多様である場合は、そ
れぞれにフラグメント（断片）化された市場に対応していく必要が生
じる。一般には、データやインサイトのみを提供する手法が適応しや
すいといえる。
　一方、データ活用の目的が特定の分野に絞られる場合などは、ソリ
ューションモデルにより顧客に特有の課題解決を図る形も有効だ。

■データ丸ごとやアクセス権を提供

　自社が保有するデータそのもの提供や、データへのアクセス権限に
限定して提供する。幅広い顧客層をターゲットとするため、ニーズや
ペインの特定や具体的なユースケースには対応しない。素材として提
供されたデータの分析や可視化の作業は、利用者自身に委ねられる。
　着手のしやすさもあって、前述のデータプラットフォームモデルや
データマーケットプレイスモデルを中心に幅広く使われている。ソリ

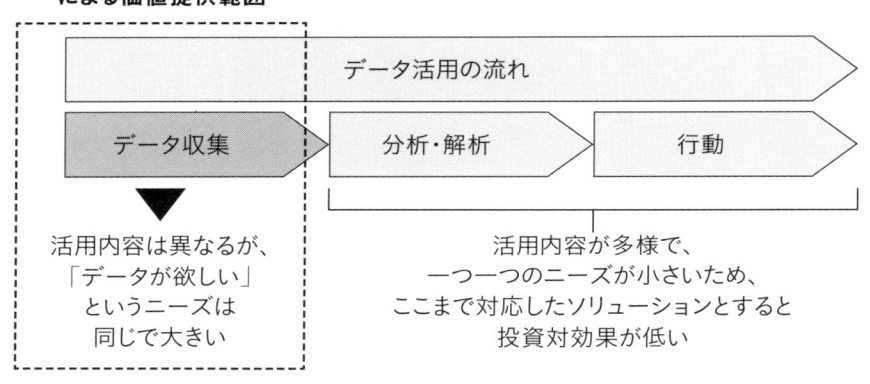

図3-18 データのみを提供するイメージ

データ提供
による価値提供範囲

データ活用の流れ

データ収集 → 分析・解析 → 行動

活用内容は異なるが、
「データが欲しい」
というニーズは
同じで大きい

活用内容が多様で、
一つ一つのニーズが小さいため、
ここまで対応したソリューションとすると
投資対効果が低い

(出典)クニエ

ューションモデルにおいても、たとえば広告代理店やマーケティング支援企業が、宣伝の費用対効果などを分析するといった事例がある。

マネタイズ実現へのハードルの低さは、競合他社との差別化の難しさとも表裏一体だ。価格競争の消耗戦を避けるには、保有データと他社データを組み合わせて付加価値の向上を図ったり、利用者の利便性向上に向けたUI（ユーザーインターフェース）・UX（ユーザー体験）の改善、データの誤りや重複を洗い出すクレンジングなども必要となる。

■データから得たインサイトを提供

データそのものではなく、データの分析や解析で得た結果をインサイトとして提供する。利用者側からすれば分析などの自由度は下がる

図3-19　インサイトを提供するイメージ

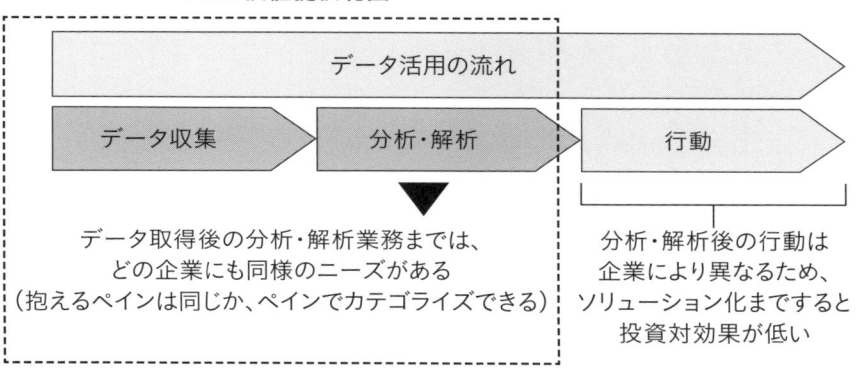

インサイト提供
による価値提供範囲

データ活用の流れ

データ収集　　分析・解析　　行動

データ取得後の分析・解析業務までは、
どの企業にも同様のニーズがある
（抱えるペインは同じか、ペインでカテゴライズできる）

分析・解析後の行動は
企業により異なるため、
ソリューション化まですると
投資対効果が低い

(出典)クニエ

が、作業負担の軽減につながり、自社のペイン解消に素早く対応しやすくなる。

　たとえば、企業の業種や規模を問わない共通の課題となりうる自己資本利益率（ROE）などの経営指標だ。同じ手法による分析や可視化のインサイトは、企業ごとに異なるペインの解消を促すきっかけとなる。

　提供するインサイトの形は、リポートやダッシュボード、推奨や助言、危険や異常の検知など様々だ。金融機関の融資や審査で使われる信用スコアなども一例となる。

　インサイトの精度を高めるには、利用者のペインに対する正しい理解や、AIの活用などを含めたデータサイエンスの利用も有効といえる。

■アクションで顧客の課題解決

データやインサイトの提供にとどまらず、顧客のペインを解消するための意思決定や業務の代行、支援などをアクションとしてソリューションやサポートの形で提供する。顧客の業務領域に踏み込むため、提供価値はデータやインサイトのみと比較して大きくなりやすいが、ユースケースの明確化や詳細まで踏み込むには一層の顧客理解が欠かせない。

たとえば小売業などの自動発注ソリューションでは、販売や在庫のデータから需要を試算して不足分を自動で注文し、過剰在庫や廃棄ロス、欠品による販売機会の逸失といった顧客のペインの解消を図る。消費者用のEC（電子商取引）サイト向けでは、利用者の購入記録などから関心の高そうな商品を推奨するソリューションもある。

アクションの提供にあたっては、顧客の事業内容や業務プロセスへの深い理解をもとに、実際にペインの解消につながるかのPoC（概念実証）や継続的な調整なども必要となってくる。

図3-20　アクションを提供するイメージ

アクション提供による価値提供範囲

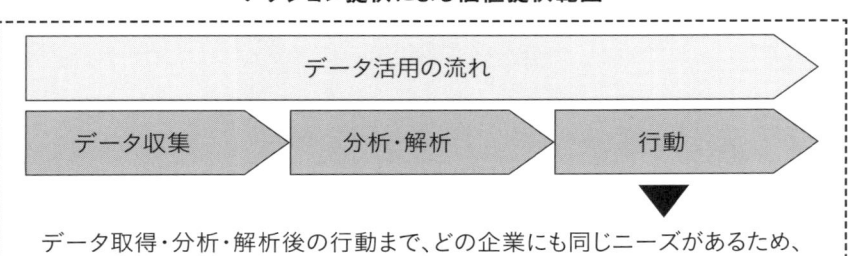

データ活用の流れ

データ収集　→　分析・解析　→　行動

データ取得・分析・解析後の行動まで、どの企業にも同じニーズがあるため、アクションまで含むソリューション化することで提供価値を最大化できる

（出典）クニエ

第4章

データマネタイゼーション
を成功に導く

導入にこぎつけたデータマネタイゼーションを、
事業として継続させるにはどうすべきか。
過去の事例を分析したところ、
データマネタイゼーションを成功に導く様々なポイントが浮かび上がった。

第1節 | マネタイズ虎の巻「見えてきた勝ちパターン」

　データマネタイゼーションを成功に導くポイントは何か。様々な「勝ちパターン」を分析して見えてきたマネタイズのノウハウを紹介する。

■合理的なアプローチを意識する

　企業のデータマネタイゼーション担当者が直面する悩みとして、アイデア不足や実現性のなさを指摘する声は根強い。

　マネタイズの可能性を探るためのアイデア出しが、問題意識の共有がされないまま思い付きで進められたり、フィージビリティー・スタディー（実現可能性の調査）についても中途半端なネット調査や顧客インタビューにとどまるといったものだ。こうした取り組みを長年にわたって続けたものの、結局、身を結ばなかったというケースも珍しくない。

　新規事業の検討について、たとえばヘルスケア業界であれば「健康」という顧客（消費者）がお金を支払ってでも解決したい課題と、企業が提供する製品・サービスから得られるメリットが明確であるため、データマネタイゼーションのアイデアを創出するすそ野は広い。

　一方、データマネタイゼーションでは、アイデアを考える起点がデータとなるため、マネタイズの選択肢は限定される。企業によっては、現時点の自社の保有データでは展開が見出せないとする結論もあるだろう。

こうしたデータマネタイゼーションの特性を考えると、進め方が合理的であるかを意識することが重要だ。アイデアを論理的に並べて丁寧に検証し、有望なアイデアを絞るプロセスで、手間がかかるが「急がば回れ」で実現に向けた歩を進めたい。ポイントは主に下記の4点だ。

①保有するデータを整理する
②マネタイズの可能性があるアイデアを論理的に挙げ切る
③アイデアを検証し有望アイデアを絞る
④有望アイデアのビジネス化に向けて進める

図4-1　合理的なアプローチとは

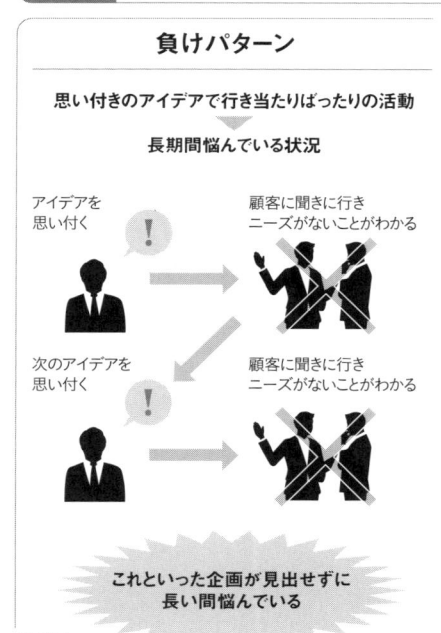

負けパターン	勝ちパターン

負けパターン

思い付きのアイデアで行き当たりばったりの活動

長期間悩んでいる状況

アイデアを思い付く

顧客に聞きに行きニーズがないことがわかる

次のアイデアを思い付く

顧客に聞きに行きニーズがないことがわかる

これといった企画が見出せずに長い間悩んでいる

勝ちパターン

合理的なアプローチで、アイデアをリストアップして評価

有望アイデアが見つかるか、データマネタイゼーションをあきらめる判断がつく

アイデアを論理的に挙げ切る

#	ターゲット	活躍シーン
1	XXXXXX	XXXXXXXXXXXX
2	XXXX	XXXXXXXXXXXXXX
3	XXXXXXX	XXXXXXXXXX
4	XXX	XXXXXXXXXXXXXX
5	XXXXXXXX	XXXXXXXX
…		

ニーズ、競合有無の調査

インタビュー調査

有望アイデア選定
または
有望アイデアなしと判断

（出典）クニエ

　特に②の「アイデアを論理的に挙げ切る」方法は、データマネタイゼーションの方法論でもっとも特徴的かつ重要なポイントとなる。

　どれだけ合理的に、多くのアイデアをリストアップできるかは「勝ちパターン」の実現可能性を左右する。

■データ販売からソリューション、モノ売りからコト売りへ

　これまでのデータマネタイゼーションの中心は「データを売る」ことだった。しかし取り巻く環境を見る限り、純粋な素材としてのデータ販売より、コンサルティングなどを含めたソリューションビジネスの方に現状は分があると言わざるを得ない。

　理由は主に２つある。

　１つ目は、データを売買することが当たり前の時代ではなく、データマネタイゼーションがまだ初期フェーズから脱し切れていないことだ。データを売る側には対価を得るニーズがあっても、購入者側からすれば、データを買って自社の経営に役立てようとする素地が社内に整っていない例も多いだろう。

　たとえば人流データは、通信やアプリ提供企業をはじめ多くが取り扱うデータマネタイゼーションの定番だ。商圏分析や防災などの需要を取り込んで市場を広げたものの、利用機会のなかった企業にとっては「なんとなく価値はありそうだが、実際に自社のビジネスにどうデータを生かせるのかわからない」と消極的な向きも少なくない。

　供給側の企業でも、新たな想定顧客のニーズを開拓すべく業務に使えるサービスへのカスタマイズを提案するなど、競争が激しくなっている。

2つ目は、一言で言うと「もったいない」ということだ。データのみを販売するより、ソリューションの形にした方が顧客に提供する価値の量が増えるため、供給側から見ると得られる利幅が大きくなる傾向がある。また、代替品への乗り換えリスクも軽減される。

　もちろん、データ自体に希少性があって代替が難しい場合は、データのみの販売でも競争力は揺るがない。しかし、顧客が求めているのはデータそのものではなく、データから得られる何らかの価値であるという基本原則に立ち返ると、ソリューションの形の方が顧客への訴求力が高まる可能性が高いといえそうだ。多くの企業が進める「モノ売りからコト売り」への転換は、データマネタイゼーションにおいても当てはまる。

■他社のデータと組み合わせて、　顧客訴求力を高める

　社内のデータの多くは、既存事業の副産物として生成されている。そのため、データマネタイゼーションを進める場合に、販売データが顧客側の求めるニーズと一致しないケースも珍しくない。

　ここで有効になるのは、社内のデータと他社から購入したデータを組み合わせる形だ。

　たとえば卸会社からメーカーへのマーケティング支援の場合、日々の業務で大量に保有している出荷データから出荷先のエリアや商品、出荷日時などの情報は把握できる。しかし、商品がいつ、誰に、いくつ売れたのかといった記録や、どのような商品と一緒に買われたかなどの消費者の購買実態までは知ることができない。そのためメーカーでは、唯一の保有データである出荷データを、自社のマーケティング

施策に活用しきれていなかった。

　こうした課題に対して、同じく出荷データを保有する卸会社では、出荷先である小売企業と提携することでメーカーに対するマーケティング支援を手掛けている。小売りが持つPOSデータや店内の顧客行動データと、卸会社の出荷データを結びつけることで、消費者ニーズやカスタマージャーニー（購入するまでのプロセス）に沿う効果的なマーケティング支援が可能となった。

　顧客の真のニーズである「当たり前の不便」を探り当てるには、ソリューション化とともに、他社データとの組み合わせで顧客への訴求力を高めるのも有効な選択肢といえる。

■初期段階のコンセプトをビジュアル化する

　データマネタイゼーションに限らず、新規事業は一般に、これまでに存在しない新しい価値の提供を目指すことが多い。

　そのため、その当時の常識が判断基準となり、価値の水準やその後の成長などを見定めることが難しくなる。過去に大きな成功をおさめた新規事業であっても、実現にこぎつけるまでの間は、ずっと社内で可能性を否定され続けたという話もよく聞かれる。

　新規事業は、企画・立案の初期段階から可能な限りコンセプトをビジュアル化して、関係者の意識の平仄（ひょうそく）を合わせることが重要だ。

　画像や動画を使うことで製品・サービスが市場に投入された後のイメージが想像できれば、経営陣や投資家などの理解も得やすくなる。デザイン思考の面からも有効な手段といえる。想定する顧客に対しては、ビジュアル化によって早い段階から反応を得やすくなる。

　データマネタイゼーションの場合は特に、データの特性を生かして

グラフや図表にできるため、初期段階のビジュアル化が有効といえる。

■価値は自ら創造する。他人任せにしない

巨大プラットフォーマーの成長譚にならい、プラットフォーム事業への展開を考える企業は少なくない。

データマネタイゼーションにおいても、自社のみで多様な顧客ニーズにこたえる価値創造が難しいことから、プラットフォームという「箱」だけを用意して、データを売買する参加者から収益を得たいと考える企業も徐々に出てきている。

たとえば前述のデータマーケットプレイスモデルや、他社向けにソフトウエア開発キット（SDK）を提供してアプリを作ってもらうビジネスモデルなどは、市場を支配するような大手がまだ現れていない。「箱」を大きく育てることもまた容易ではない証左といえそうだ。

過去のプラットフォーム事業の成功例では、多くの場合、プラットフォーマーは単なる場の提供にとどまらず、特に初期においては自社が率先して顧客への価値の提供を図っている。

たとえば家庭用ゲーム機やスマートフォンを展開するハードウエアメーカーは、ゲームソフトやアプリのプラットフォーマーでもある。現在は参加者が引きもきらない人気のプラットフォームであっても、開設当初はサードパーティーの事業者がなかなか集まらず、ハード会社が自らソフトやアプリを提供していたという例は多い。

データマネタイゼーションでプラットフォームを展開する場合、まずは自社のみで顧客にどのような価値提供ができるかを検討し、ユースケースを考えていく必要がある。プラットフォームへの参加者が増えるかどうかは、自社による成功事例の積み重ねにもかかっている。

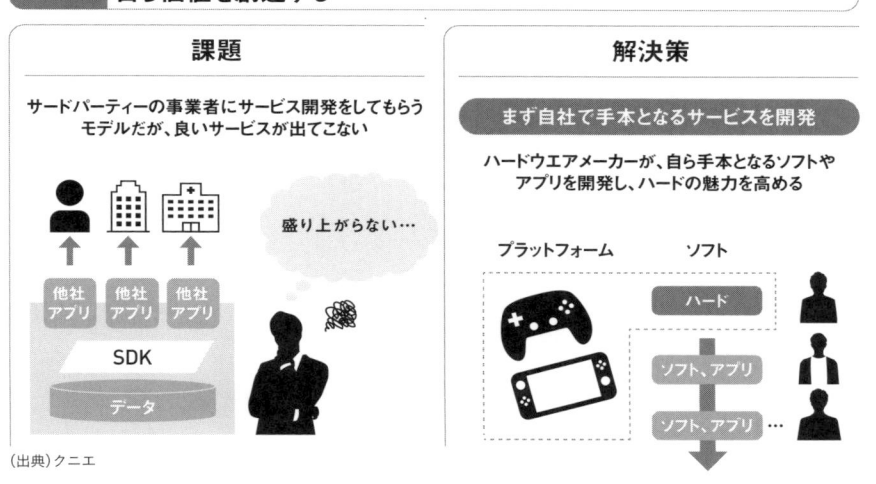

図4-2　自ら価値を創造する

| 課題 | 解決策 |

課題：サードパーティーの事業者にサービス開発をしてもらうモデルだが、良いサービスが出てこない

盛り上がらない…

他社アプリ　他社アプリ　他社アプリ

SDK

データ

解決策：まず自社で手本となるサービスを開発

ハードウエアメーカーが、自ら手本となるソフトやアプリを開発し、ハードの魅力を高める

プラットフォーム　ソフト

ハード

ソフト、アプリ

ソフト、アプリ …

(出典)クニエ

■顧客が「稟議書」を書きやすい 価格帯で提案する

　顧客との交渉が進み、いよいよ詳細の設計や契約の段階に差し掛かったとする。次に頭を悩ませるのが値付けの難しさだ。

　顧客が既存事業と異なっていたり、標準的な価格帯や相場観も形成されていないデータマネタイゼーションでは、丁寧なコミュニケーションをもとに、売り手と買い手の双方にメリットがある価格水準を売り手側から提案する必要がある。

　顧客企業がデータの中身や価格に納得した後、次に控えるのが同社内の稟議の手続きだ。特に、これまで付き合いのなかった企業からデータを購入する場合、取引の内容や価格の妥当性などを経営陣や社内の関連部署などに丁寧に説明する必要が出てくる。

購入担当者の立場からすれば、そうした作業にかかる労力をなるべく軽減したいと考えるのが自然だ。データの提供元にとっても、顧客が社内の稟議書を書きやすくなるように提案することは、サービスへの訴求力を高めることにもつながる。

　整理すべきポイントは主に下記の5点だ。

- **目的**
- **現状課題**
- **解決策の案**
- **価格妥当性**
- **代替サービスの比較**

図4-3　顧客の稟議書を書く

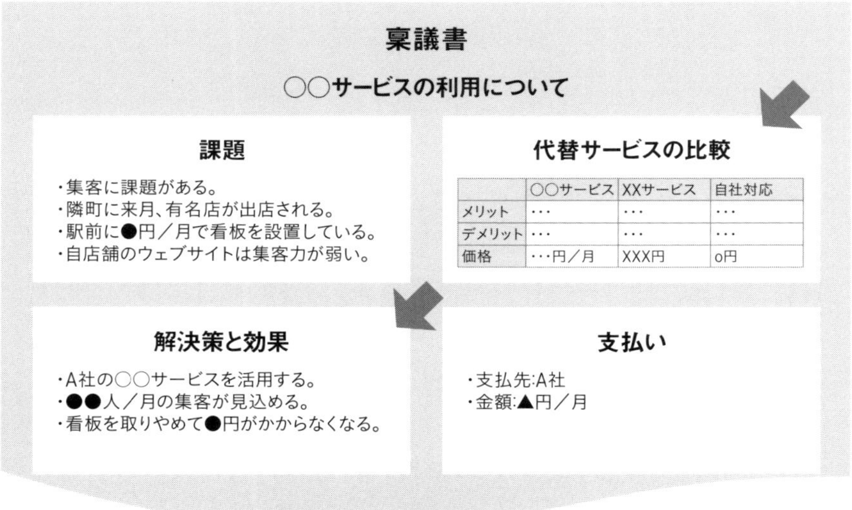

稟議書
○○サービスの利用について

課題

・集客に課題がある。
・隣町に来月、有名店が出店される。
・駅前に●円／月で看板を設置している。
・自店舗のウェブサイトは集客力が弱い。

代替サービスの比較

	○○サービス	XXサービス	自社対応
メリット	・・・	・・・	・・・
デメリット	・・・	・・・	・・・
価格	・・・円／月	XXX円	0円

解決策と効果

・A社の○○サービスを活用する。
・●●人／月の集客が見込める。
・看板を取りやめて●円がかからなくなる。

支払い

・支払先:A社
・金額:▲円／月

（出典）クニエ

　特に価格の妥当性については、共通の相場観が存在しない現状では顧客企業内で合意を取るのも容易ではないため、担当者が社内で説明しやすいロジックを用意する必要がある。

　市場の調査や分析、関係者へのインタビューなどで現状の業務課題と解決後のメリットを仮説から検証し、説得力のある価格を算出していく。

　必要であればこれらの作業を繰り返し、顧客目線の価格水準や料金体系を設計する。実現できれば、今後のほかの企業との交渉にも生きてくる。

図4-4 顧客の稟議書における購入価格の妥当性を検証

顧客企業のコスト構造

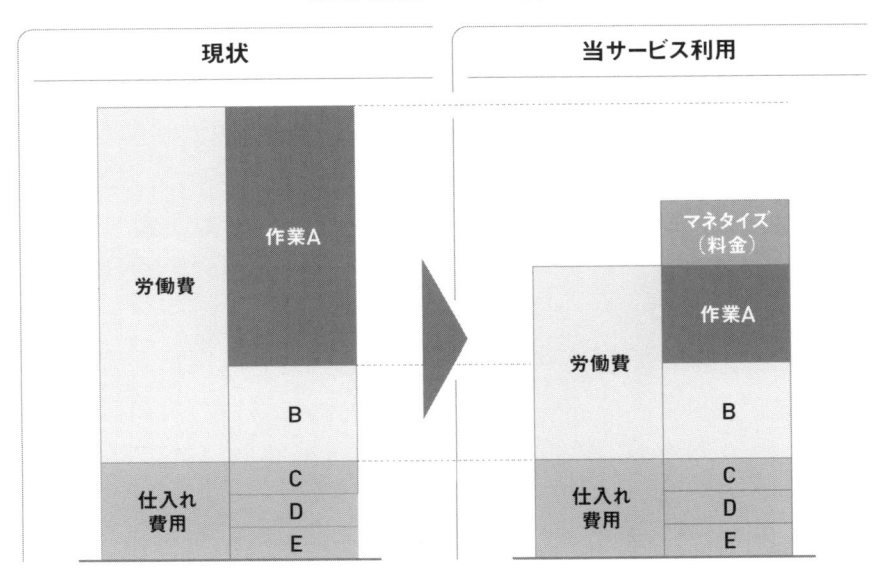

（出典）クニエ

■レピュテーション(評判)リスクに注意する

　各国・地域で個人情報保護に関する規制強化が進むなか、データを扱う企業にとっても規制の行方は大きな関心事だ。

　データマネタイゼーションにおける関連法規の順守は当然だが、厳しく法に従った場合でも、消費者や市場の拒否反応にさらされてマネタイズを躊躇したり、実際に取りやめた企業もある。

　企業の担当者からは、特にネットの「炎上」リスク対策について「どこまでがＯＫで、どこまでがダメかわからない」といった不安の声が根強く聞かれる。過去の撤退事例でも、個人情報保護法の規定自体は正しく守られていたケースが多く、それだけレピュテーションリスクへの対応が重要だったことがうかがえる。

　たとえば前述の「モバイル空間統計」では、2013年の事業化に向けてレピュテーションリスクへの対策を社内で協議した。通信事業という公共性や知名度の高さ、(個人を特定できない状態であっても)行動が把握されるのでは、といった漠然とした不安が払しょくされにくい当時の状態では、事業への拒否反応を招いてもおかしくなかった。しかし、個人情報・プライバシーの保護とデータの有用性の両立を世に訴えることで事業化の歩が進んだ(〈コラム「モバイル空間統計」導入奮闘記〉参照)。

　「モバイル空間統計」は下記の３段階の処理を経て作成される人口統計データで、個人が特定できない。

- 非識別化処理：氏名や電話番号、生年月日などの識別情報を除去
- 集計処理：統計的な「集団に関する情報」を導出

- 秘匿処理：集計結果に少人数エリアの数値が含まれないように
  加工

「モバイル空間統計」導入奮闘記

2013年の「モバイル空間統計」サービス開始にあたって、現場ではデータマネタイゼーションについてどのような議論があったのだろうか。プロジェクトを先導したNTTドコモ（当時、現NTT）の池田大造氏に寄稿してもらった。

事業化において意識したのは、将来の社会や産業の発展に寄与するという有用性を示すのと同時に、法的・技術的・社会的の各側面の課題解決が必要という点だ。

法的・技術的な面では、携帯電話の位置データを利用するために不可欠な法的な問題をクリアし、安全に提供できる技術的な仕組みを構

図4-5　技術的側面（個人情報・プライバシーを保護する3段階処理）

個人識別ができないデータに加工・集計をしたうえ、少人数を
除去することで、個人情報保護された統計情報として生成

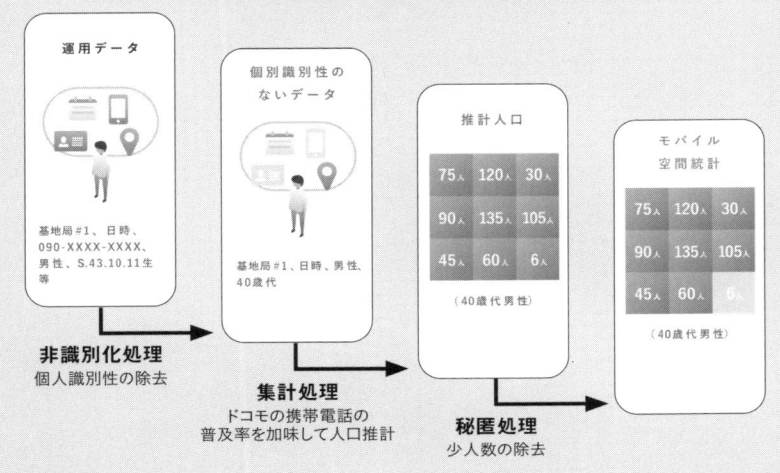

（出典）NTTドコモ

| 図4-6 | モバイル空間統計ガイドラインの策定 |

モバイル空間統計有識者研究会（2009年9月〜2009年12月）
座長:堀部政男・一橋大学名誉教授

法的側面からの検討	**社会的側面からの検討**
「モバイル空間統計は、**個人情報保護法上の個人情報には該当せず**、個人情報保護法の適用を受けないと考えられる」	「モバイル空間統計の作成手順についての**ルールを明文化し、公開**するとともに、その運用についても併せて説明をしていくべきである」

総務省:電気通信事業における個人情報保護に関するガイドライン	**総務省研究会報告書**「利用者視点を踏まえたICTサービスに係る諸問題に関する研究会 第二次提言」
（第5条解説）　個人情報に対して、特定の個人を識別できないようにする加工（いわゆる匿名化）を行うことは、**個人情報の利用に当たらず**、利用目的として特定する必要はない。	配慮原則を踏まえ、**自主的なガイドライン等を策定**することが期待される

| **法的な問題はない** | **モバイル空間統計ガイドラインを策定** |

（出典）NTTドコモ

築する必要があった。データに非識別化や集計、秘匿の処理を加えることで、個人情報保護やプライバシー保護の要件を満たした。

　加えて、モバイル空間統計の作成手順についてもルールを明文化して公開した。策定したガイドラインをホームページに掲載し、携帯電話やモバイル空間統計の利用者に対してプライバシーを厳重保護する姿勢を示した。

　社会的側面については、法的・技術的な課題を解決したうえで社会や産業の発展に対して同サービスが有用と考えられるかを提示し、社会に根付くための配慮すべきポイントなどを明らかにした。

　防災計画や地域の活性化、まちづくりといった分野における有用性を段階的に検証し、実績を積み上げた。こうした地ならしが実用化に

は不可欠だったといってよい。

とはいえ、未知の領域での使い道を考えるのは容易ではない。データと使い道の間には距離があるため、各分野の研究者などの社外有識者と様々な研究・検討を実施した。

まちづくり分野での有用性検証では、東京大学と共同で人口変動と都市空間の関係性を分析。都市空間の有効利用を立案した。

具体的には、中心市街地への公共交通サービスの需要を把握するといった研究事例がある。既存のバスの運行状況に対して、モバイル空間統計から推計した中央市街地への来訪者数データを利用者の居住地区別に集計。たとえば来訪者の多さと比べてバス停やバスの本数が少

図4-7　有用性検証の積み上げ

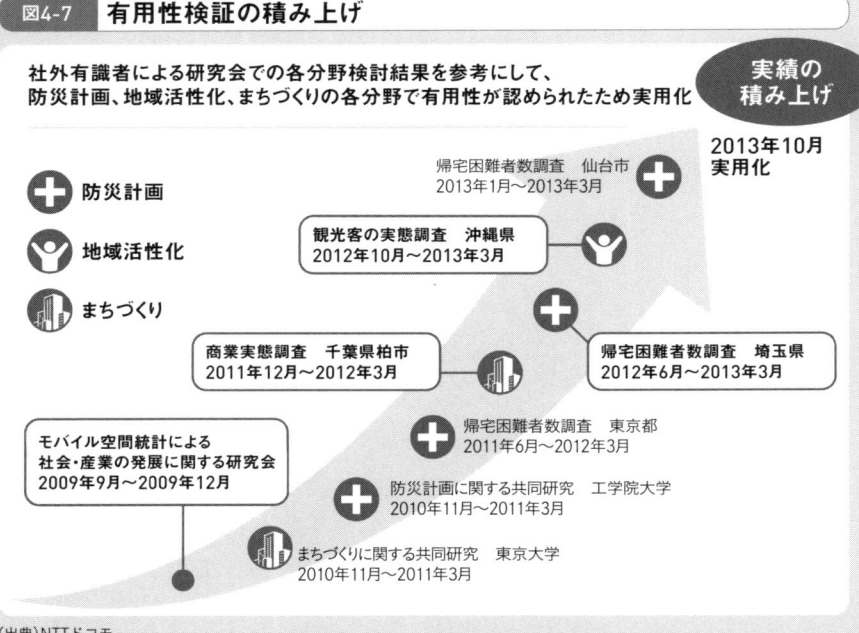

社外有識者による研究会での各分野検討結果を参考にして、
防災計画、地域活性化、まちづくりの各分野で有用性が認められたため実用化

実績の積み上げ

2013年10月実用化

防災計画

地域活性化

まちづくり

帰宅困難者数調査　仙台市
2013年1月〜2013年3月

観光客の実態調査　沖縄県
2012年10月〜2013年3月

商業実態調査　千葉県柏市
2011年12月〜2012年3月

帰宅困難者数調査　埼玉県
2012年6月〜2013年3月

モバイル空間統計による
社会・産業の発展に関する研究会
2009年9月〜2009年12月

帰宅困難者数調査　東京都
2011年6月〜2012年3月

防災計画に関する共同研究　工学院大学
2010年11月〜2011年3月

まちづくりに関する共同研究　東京大学
2010年11月〜2011年3月

(出典)NTTドコモ

ないといった地区を時間別に抽出し、バス路線の見直しに活用することができた。

こうした検証で重要だった2点を挙げたい。

第一に、データの使い道を検討する際にデータの意味合いをまず考えることだ。ユースケースを考える際、取得しやすいデータから一足飛びにその使い道を発想してしまいがちだ。しかし、それでは網羅性に欠け、本当に有用な事例を見逃してしまうことがある。そのため、取得できる位置情報が何を意味するのかを検証した。研究者など各分野の社外有識者と議論ができた効果は大きかった。

第二は、使い方のイメージを可視化した点だ。データとその使い道を文字や言葉で説明した場合、なんとなく使えそうだが具体的な使い道のイメージがわかないという状態に陥りがちだ。人口動態を地図上で可視化し、動く形の表現で使い道のイメージを視覚的に社内外に示せたことは効果的だったといえる。

池田　大造（いけだ　だいぞう）
日本電信電話　マーケティング部門　統括部長
マサチューセッツ工科大学大学院修了。博士（工学）。1996年NTTドコモ入社。25年以上にわたり、モバイルインターネット、ビッグデータ（モバイル空間統計）、AI、メタバース等のR&D・ビジネス開発に取り組み、2022年からNTTにて中長期サービス、グローバルマーケティング戦略を先導。

■自社の保有データのみで 顧客のニーズを満たすのは難しい

　新規事業を考えるうえで、企業の持つシーズ（技術の種）から市場のニーズを探る方法論がある。多くの場合、企業は研究や技術開発を進める段階で市場のニーズを視野に入れている。

　データマネタイゼーションでは、既存事業の副産物として生まれたデータをもとに蓄積、加工しているため、保有するデータは新規事業を目的に作られたものではない。データマネタイゼーションの実現には「顧客がお金を払ってでも得たい価値」が重要だと考えると、自社の保有データのみで顧客のニーズを満たすことは容易ではないことがわかる。

図4-8	顧客の課題と保有データの関係性

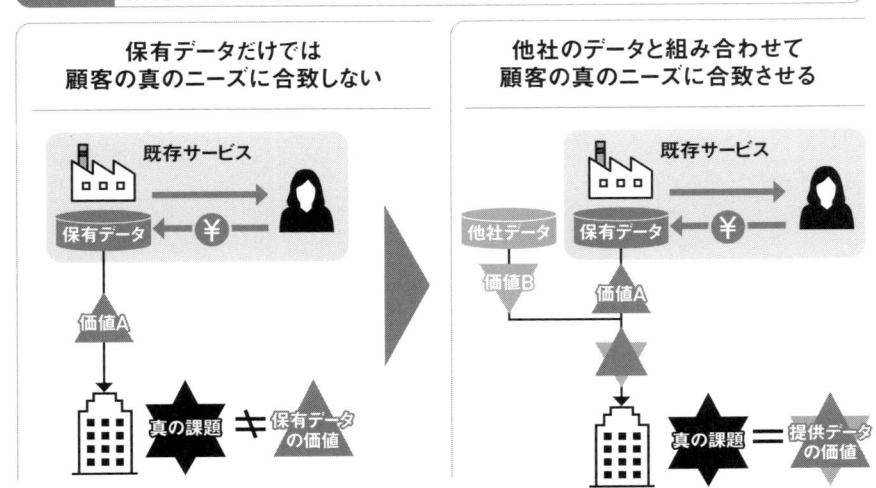

（出典）クニエ

　顧客のニーズ獲得に向けて、他社から購入したデータと組み合わせて加工したり、ソリューションモデルとして展開するなど、自社にあった様々な戦略を模索したい。

■データ取引における卸売業者

　これまでのデータマネタイゼーションは、いずれも売り手と買い手の相対取引がベースとなっている。現実の商取引では卸売業者が介在しているケースが多く、食品の場合はメーカー、食品卸、小売りなどが流通機能をそれぞれ担っている。

　データマネタイゼーションにおいても、市場が形成されつつある領域を中心に卸売りの存在感が増している。たとえば位置情報では、データホルダーのほかに、データ収集事業者やソリューション提供事業者が卸売りの機能を担いながらエンドユーザーにサービスを提供している。

| 図4-9 | データの流通構造（イメージ） |

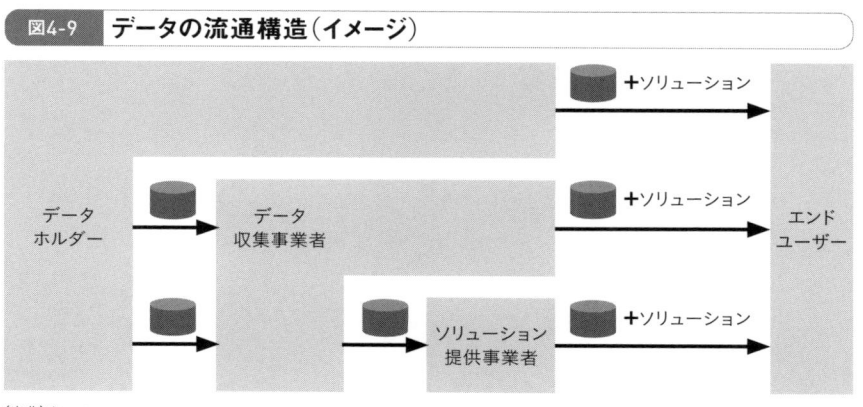

（出典）クニエ

新たにデータマネタイゼーションを始める場合は、扱うデータに差別化できる要素が少ない場合は、ソリューションの提供が有効となりそうだ。エンドユーザーに提供する価値が想定的に高く、差別化もしやすいためだ。

　一方で、データ自体の差別化が図れる場合は、データをデータ収集事業者に販売する形も視野に入るだろう。

　位置情報で、たとえば特定の地域でのカバー率やシニア利用者のデータを多く保有するといったケースは、データの連続性などとあわせて差別化となりうる。

　ただし、IoT技術の進展などで新たなデータによる競合先が現れる可能性は常にある。事業継続性を踏まえた戦略の位置づけも重要となるだろう。

方法論としての
データマネタイゼーション

データマネタイゼーションの実現に向けた取り組みも、
いよいよ大詰めだ。第5章では、事業を具体的に進めるうえで、
特に初期に重要な「5つの段階別フェーズ」について順を追って解説する。

第1節 | 5段階で進める データマネタイゼーション

　データマネタイゼーションは新規事業の1つとして位置づけられることが多い。実際の進め方についても、アイデアが決まった後は似た経緯をたどる可能性が高いため、本書では「データからマネタイズのアイデアを抽出する」までの初期のプロセスを重点的に説明する。

　データマネタイゼーションを実際に進めるにあたり、本章では下記の5段階のフェーズを紹介する。

> ①アイデア抽出
> ②検証
> ③事業計画
> ④準備・リリース
> ⑤グロース

　最初のアイデア抽出フェーズでは、データマネタイゼーションのアイデアを検討する。顧客がお金を払ってでも得たい価値を提供するにはどのようなデータや戦略が必要かを議論し、アイデアを具体化して事業計画につなげる。サービス提供が可能な体制づくりを進めて、その後の成長に向けた事業運営の形を検討する検証フェーズに移る。

①（アイデア抽出フェーズ）アイデアをリストアップ

　自社で保有するデータを担当者として精査し、マネタイズできる可

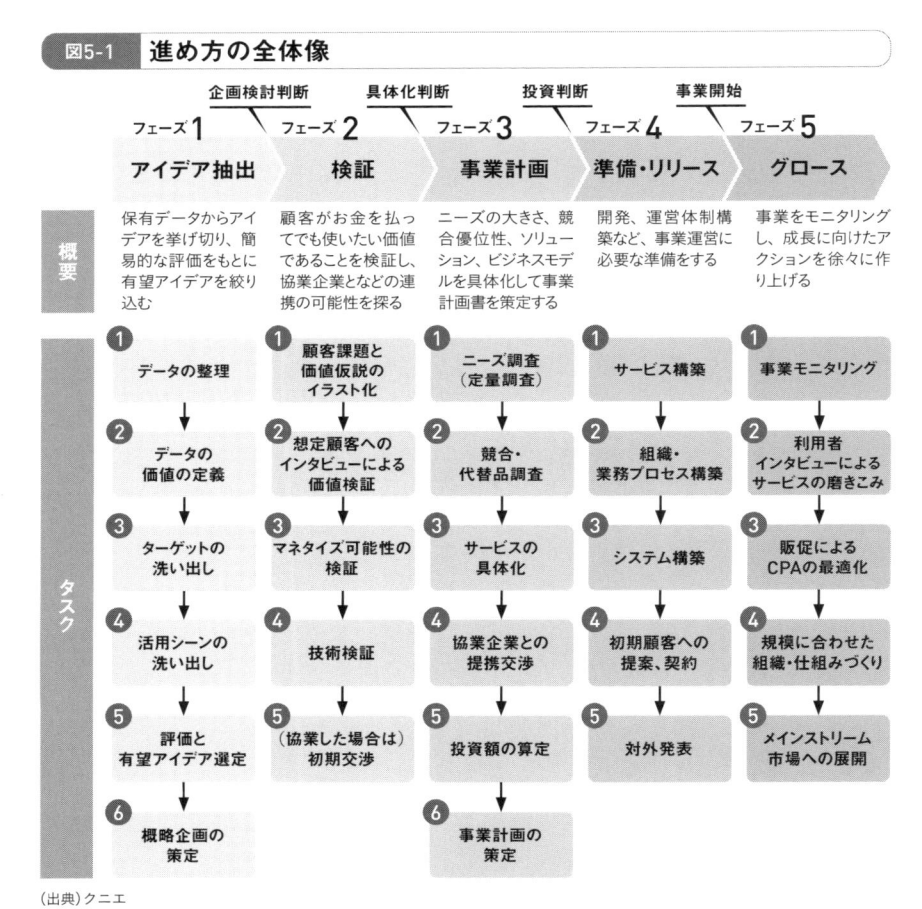

図5-1 進め方の全体像

企画検討判断	具体化判断	投資判断	事業開始

フェーズ1	フェーズ2	フェーズ3	フェーズ4	フェーズ5
アイデア抽出	検証	事業計画	準備・リリース	グロース

概要

アイデア抽出	検証	事業計画	準備・リリース	グロース
保有データからアイデアを挙げ切り、簡易的な評価をもとに有望アイデアを絞り込む	顧客がお金を払ってでも使いたい価値であることを検証し、協業企業となどの連携の可能性を探る	ニーズの大きさ、競合優位性、ソリューション、ビジネスモデルを具体化して事業計画書を策定する	開発、運営体制構築など、事業運営に必要な準備をする	事業をモニタリングし、成長に向けたアクションを徐々に作り上げる

タスク

アイデア抽出	検証	事業計画	準備・リリース	グロース
❶ データの整理	❶ 顧客課題と価値仮説のイラスト化	❶ ニーズ調査（定量調査）	❶ サービス構築	❶ 事業モニタリング
❷ データの価値の定義	❷ 想定顧客へのインタビューによる価値検証	❷ 競合・代替品調査	❷ 組織・業務プロセス構築	❷ 利用者インタビューによるサービスの磨きこみ
❸ ターゲットの洗い出し	❸ マネタイズ可能性の検証	❸ サービスの具体化	❸ システム構築	❸ 販促によるCPAの最適化
❹ 活用シーンの洗い出し	❹ 技術検証	❹ 協業企業との提携交渉	❹ 初期顧客への提案、契約	❹ 規模に合わせた組織・仕組みづくり
❺ 評価と有望アイデア選定	❺ （協業した場合は）初期交渉	❺ 投資額の算定	❺ 対外発表	❺ メインストリーム市場への展開
❻ 概略企画の策定		❻ 事業計画の策定		

（出典）クニエ

能性があるアイデアを論理的にリストアップする。

　この段階ではまだ取捨選択をせずに、想定顧客の活用シーンを想像しながら考えられるアイデアをできるだけ多く挙げ切ることが重要だ。まとまったら簡易的な評価をして、有望な案に絞る。

1. データの整理
2. データの価値の定義
3. ターゲットの洗い出し
4. 活用シーンの洗い出し
5. 評価と有望アイデア選定
6. 概略企画の策定
7. 推進判断

　選んだアイデアをもとに、続く検証フェーズ以降で実現可能性を具体的に検証していく。もし事業化を断念する場合は、アイデア抽出フェーズで検討した顧客の活用シーンを改めて評価しなおし、新たな可能性を探る形になる。

②（検証フェーズ）実現可能性を精査

　シーズとして検討してきたアイデア抽出フェーズに対して、検証フェーズではより具体的に、アイデアの中身を検証していく。顧客がお金を払ってでも得たい価値の提供を目指し、本質的な課題に迫るためアイデアのピボット（転換）を図っていく。
　同時に、自社データがマネタイズに耐えうる量や質であるかを客観的に検証する。

1. 顧客課題と価値仮説のイラスト化
2. 想定顧客へのインタビューによる価値検証
3. マネタイズ可能性の検証
4. 技術検証

5．（協業した場合は）初期交渉

6．推進判断

　検証により、仮に自社の保有データだけではマネタイズが難しいと判断した場合は、他社から購入したデータと組み合わせることも視野に入れる。必要な場合は他社と協業し、そのための初期交渉も必要となる。

③（事業計画フェーズ）
責任者向けの判断材料を提供

　データマネタイゼーションの実現に向けて、事業性があるとおおむね判断できる概略がまとまる段階だ。担当者は自社の事業や投資の責任者が判断するに必要な材料を提示する。

1．ニーズ調査（定量調査）

2．競合・代替品調査

3．サービスの具体化

4．協業企業との提携交渉

5．投資額の算定

6．事業計画の策定

7．推進判断

④（準備・リリースフェーズ）最終段階を経て本番化

　社内のGOサインを得て、最終段階としてサービスの設計や体制づくりを進めて本番リリースにつなげる。初期顧客との契約や対外発表なども検討する。

> 1.　サービス構築
> 2.　組織・業務プロセス構築
> 　　（サービス提供、運用、販売・プロモーション）
> 3.　システム構築
> 4.　初期顧客への提案、契約
> 5.　対外発表
> 6.　事業化判断

⑤（グロースフェーズ）リリース後も継続的に改良

　本番リリース以降は、顧客や市場の反応と向き合い、サービスを継続的に磨き上げていく。中長期的な事業の成長に向けた手を打っていくことが重要だ。

> 1.　事業モニタリング
> 2.　利用者インタビューによるサービスの磨きこみ
> 3.　販促によるCPA（顧客獲得単価）の最適化
> 4.　規模に合わせた組織・仕組みづくり
> 5.　メインストリーム市場への展開

（アイデア抽出フェーズ）
アイデアをリストアップ

　データマネタイゼーションの最初の取り組みでは、自社で保有しているデータを起点とするアイデアを洗い出してリストアップしていく。

　1つのアイデアを思い付いたタイミングで想定顧客に聞くような形は効率が悪いため、アイデアをできるだけ多く出し切ってリストアップし、比較しながら可否を判断する形が望ましい。

　現実的に全てのアイデアを出し切ることは不可能だ。これまでに世に存在しなかった画期的な案を見つけられればよいが、そこにこだわりすぎるとマネタイズに向けたアクションが滞る可能性もある。一定の線を引いて割り切ることも重要だ。

図5-2　データ発生場所との関係の距離と有望アイデア、検討パターン

データ発生場所との関係の距離と有望アイデア

Ⓐ **データ発生場所との関係が近いアイデア群**
発想しやすく、実現性も比較的高い
例）トラックの走行データ→道路整備に活用

Ⓑ **データ発生場所との関係が遠いアイデア群**
飛び地のため発想はしにくく、実現性も比較的低い
例）トラックの走行データ→飲食店のメニュー開発に活用

● 有望アイデア
● 有望ではないアイデア

検討パターン

❶ 比較的可能性が高いアイデアを網羅的に見つけたい（Aのアイデア群の網羅性）

❷ とにかくマネタイズできるアイデアを見つけたい（Aのアイデア群における有望アイデア）

❸ 可能性は低くても、たくさんのアイデアを見つけたい（Bのアイデア群の網羅性）

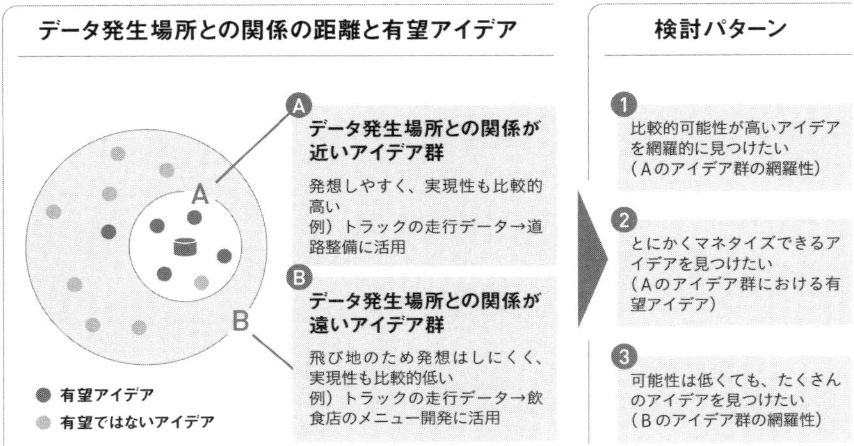

（出典）クニエ

図5-3	データの価値とは

		データ	データの価値	活用シーン
定義		データそのもの	データからわかることであり、何らかの価値として表現される	その情報を使ってメリットを得る組織・人と利用用途
抽象化・具体化思考		価値の源泉	抽象的な価値　←→　具体的な価値 具体化（演繹法）／抽象化（帰納法）	
例		消費者の位置情報 －デモグラフィック情報 －時間 －位置	デモグラフィックデータの分布による**エリアの特徴**	商業施設の新規の出店計画（ターゲット層の分布が多いエリアを選定）
			どこからどこに何人移動したか	観光地の観光ルート把握によるインフラ設計（観光ルートに合わせたバス便ルートの変更）
		消費者の毎食の食事記録 －デモグラフィック情報 －タイミング（朝・昼・夜） －食事内容 （カレー、スープ、お茶　等）	**前日と当日の食事の関連性**	コンビニにおけるプロモーション（前日の食事を踏まえたPushプロモーション）
			1回の食事における**食品の食べ合わせ**	食品スーパーにおける商品陳列（カレーの横にスープを陳列）
		自動車の加速度センサー×GPSデータ －デモグラフィック情報 －時間 －加速度 －場所（XX道路のXX地点）	運転者の**急ブレーキをかける傾向**	運送業者によるドライバーの教育
			ある地点（XX道路のXX地点）における**自動車の揺れの傾向**	道路事業者による道路の設計（揺れが大きい箇所に防風柵を設置）

（出典）クニエ

　ここでのポイントは「データの価値」の概念だ。「データ」と「（ターゲットによる）活用シーン」の間に位置し、「このデータで何がわかるのか」といった抽象的な価値を示す。

　たとえば利用者が一日の食事内容を記録した画像データは、「何を食べたか」という内容を示している。別の企業の視点に立てば、それ

らのデータは夕食におけるメニューの組み合わせや、連続した日時の食事内容などを把握する重要な意味を持つ。

　たとえば「カレーとパンを同時に食する」「前夜にお酒を飲んだ当日の夕食はカレー」といったデータがあれば、食品メーカーや小売店にとっては戦略が立てやすくなる。食品スーパーでカレールーの陳列棚をパン売り場の近くに配置するよう提案したり、酒類の購入者に翌朝のカレーパンを推奨するといった、顧客ひとりひとりに合った「One To Oneマーケティング」も可能だ。

　実際に自動車が走行した位置や車速などから生成したプローブ情報と呼ばれる交通データは、車の位置を示すだけでなく、特定の区間の所要時間や駐車場の混雑状況といったデータの価値創出につながっている。

　顧客理解の解像度が上がれば、マネタイズするデータ自身の価値や可能性を示すアセットを定義できる段階に近づく。データの価値の整理はデータマネタイゼーションにおける重要な要素といえる。

　データマネタイゼーションを抽象化と具体化という双方の思考で位置づけた「図表5-3　データの価値とは」は、価値の源泉と抽象的な価値、具体的な価値という３つの軸で抽象化と具体化を整理している。

　先進的な技術を持つ製造業の場合、すでに保有している「価値の源泉」である製造過程や販売のデータから具体的な価値につながるユースケースを見つけていく手法だ。

　抽象化と具体化を繰り返して本質に迫るイメージで、一度に具体的な価値という解を導き出すのではなく、抽象的な価値を整理しながらより網羅的な洗い出しを進めたい。

1. データの整理

　データマネタイゼーションの最初のステップとして、自社で保有するデータをリストアップする「データ項目の整理」と、データを生み出している事業や顧客の情報をまとめた「データの特徴の整理」の2点を進める。

　データ項目の整理では、下記の手順で自社データを洗い出す。

テーブルの項目リストアップ

　社内にどんなデータがあるのかを調べてリスト化する。できるだけ網羅的であるのが望ましいが、データマネタイゼーションは顧客の求める価値提供が目的であるため、システム監視や保守の目的で作られたログデータなどは対象外となる。また誤って企業秘密などが含まれないよう注意したい。

　データを見ただけでは詳細な中身がわからないこともあるので、必要に応じて当該データの担当部署や、情報システム・DX推進といった部署に問い合わせて、項目定義書などをチェックする。

利用可否の区分付け

　データマネタイゼーションとして利用できるデータ項目を明確にする。特に個人情報の取り扱いには格段の注意を要し、関連法規や契約の順守に加えて、レピュテーションリスクにも目配りする必要がある。

　GPSを使ったスマートフォン向けアプリを手掛ける消費者向け企業を例にとると、利用者の個人情報（パーソナルデータ）の第三者提供については、利用者の許諾が必要と利用規約で定めているケースが多い。利用者から再度の利用許諾を得るか、あるいは個人情報保護の

規制に沿った形でデータを加工するかなど、データの利用方法を検討する必要がある。

　企業向けに特化してクラウド経由でソフトを提供するSaaS企業の場合、自社のサービスの顧客による使用状況のデータがどこに帰属するかを契約書で定めている場合が多い。契約内容を確認して、データの利用可否を明確にする。

データの取得タイミングの整理

　データを取得するタイミングについて、リアルタイムか、あるいは週1回や月1回などのバッチ処理かなどを確認する。

　また把握したデータ項目の特徴として、（複数の利用顧客がいる場合の）内訳、利用状況などを確認する。

　内訳は、データを生み出している既存顧客ごとのデータ量、全体に占めるシェアなどだ。前述のスマホアプリ企業の例では、年代や性別、自宅住所、位置情報など別に、それぞれの人数データやシェアを集計する。年代別・性別のクロス集計なども対象だ。

　利用状況は、アプリがどのように利用されているのかや、位置データの取得頻度（常時や、アプリ使用中のみなど）を集計する。

　利用状況の整理は、検証フェーズ以降でデータの価値を十分に高められるのかを確認するために必要だ。

　位置データであれば、たとえば観光地のバス会社が新ルート開拓のために精緻な人気スポットを調べるといった利用シーンが想定できる。一方、アプリが観光地ではなく日常の自宅周辺でのみ使用されている場合、観光地向けのデータではないためサービス提供をあきらめるか、あるいは観光地の位置データや自動車のプローブデータを持つ企業との協業といった選択肢もある。

2. データの価値の定義

　アイデア抽出フェーズの中で重要になるのが「データの価値」を定義する作業だ。データが顧客にとってどのような価値があるのかを、利用者の立場で整理していく。

　データの価値をリスト化するのは面倒な作業だが、顧客からすれば「データからわかること」の理解につながる貴重な情報となる。データのアセットの一覧として、潜在顧客への販促やニーズ調査、アイデア出しの起点にもなる。

　リスト化にあたっては、自社データをもとに顧客にどのような価値提供ができるかを仮説・検証する演繹的（えんえき）な手法と、想定される顧客のユースケースから保有データを検証する帰納的（きのう）なアプローチがある。

　スマホアプリ企業を例にとると、演繹的アプローチでは自社の保有データから直接わかること（メジャー）を洗い出し、分析した切り口（ディメンション）を求めていく。具体的には以下のような内容だ。

保有データ
　　・スマホの位置データ（緯度、経度、時間など）

メジャー
　　・年齢や性別といったデモグラフィック情報
　　（人口統計学的な属性）データのエリア別分布

メジャーから求めたディメンション
　　・季節や曜日ごとの人口動態
　　・昼夜における移動人数の比較

　帰納的アプローチでは、数あるターゲット顧客の中からサンプルで抽出した顧客が、データで何を知りたいかを想像してリストアップする。そこから自社の保有データでわかることを抽出していく。

　いずれの視点も重要であるため、たとえば複数の担当者で作業をする場合は演繹的・帰納的の双方の手法で進めて、最終的に一体化させるといったことも有効だ。

●

図5-4　帰納的導出のイメージ

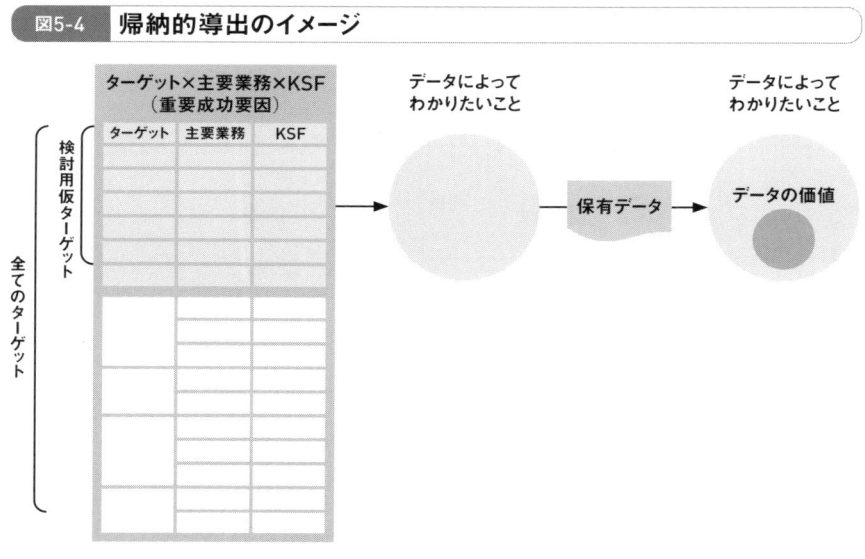

（出典）クニエ

3. ターゲットの洗い出し

　データマネタイゼーションの顧客となりうるターゲットを可能な限り網羅的に洗い出す。リスト化においては主に4つの観点を重視する。

- ・利用者のジャーニー
- ・ステークホルダーチェーン
- ・競合
- ・マクロな視点を持つ企業・組織

図5-5　ターゲットを洗い出す4つの観点

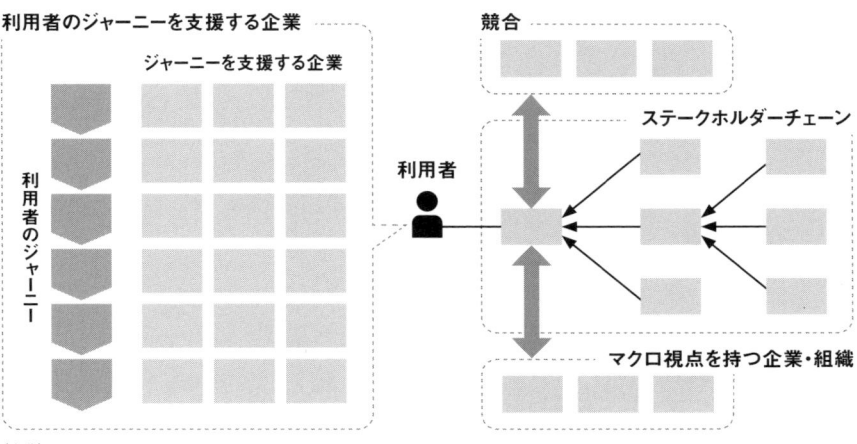

(出典)クニエ

利用者のジャーニー

　データの元となった既存事業に関連して、財やサービスの利用者を分析する。スマホアプリ企業の場合、利用者がアプリを使う前と使用時、使用後の行動と、それらを直接的・間接的に「支援」する企業（プレーヤー）を抽出する。たとえば観光の場合は、下記のようなジャーニーを描くことができる。これらのジャーニーに結果的に関わったのは下記のような企業だ。

図5-6　ジャーニーに関わる企業（観光）のイメージ

			ジャーニーに関わる企業
利用者のジャーニー	前	観光地を決める	旅行代理店、旅行関連メディア、観光地の協会、観光スポット運営企業…
		ホテルを手配する	旅行代理店、ホテル、マッチングサイト…
		交通手段を手配する	旅行代理店、バス、電車、飛行…
		観光ルートを決める	旅行代理店、旅行関連メディア…
		•••	
	最中	交通手段で向かう	バス、電車、飛行機、自家用車…
		休憩する	サービスエリア、駅構内の飲食店、空港内の飲食店…
		観光する	各観光スポットの運営会社、商業施設…
		移動する	バス、電車、自家用車…
		ホテルを利用する	ホテル
		土産を買う	観光地の土産販売店
		•••	
	後	交通手段で帰宅する	バス、電車、飛行機、自家用車…
		土産をネットで購入する	マーケットプレイス、観光地の土産販売店のECサイト…
		•••	

（出典）クニエ

アプリの使用前

　「目的地を決める」→「ホテルを手配する」→「交通手段を
　手配する」→「観光ルートを決める」

使用中

　「乗り物で目的地に向かう」→「休憩する」→「観光スポッ
　トに滞在する」→「ホテルに移動する」→「宿泊する」→「土
　産を買う」

使用後

　「乗り物で帰宅する」→「土産をネットで購入する」

ステークホルダーチェーン

　データが生み出されたタイミングや場所の「ポイント」を特定し、
価値を提供する企業（メインプレーヤー）と、属するバリューチェー
ンの上位に位置する企業を洗い出す。

　社用車に搭載したGPS装置やドライブレコーダーを例に考えると、
データが生み出されるポイントは、社用車を動かすタイミングだ。メ
インプレーヤーとなるのは社用車を使う企業で、上流のプレーヤーに
は幅広い分野の企業が並ぶ。直接的には自動車の完成車メーカーや部
品メーカー、自動車整備、運転手の講習を請け負う企業などだ。間接
的には道路の整備や地図を扱う企業なども含まれる。

　このうち、データマネタイゼーションの実現可能性がもっとも高い
のがメインプレーヤーだ。上流へ向かうほど実現性は低くなるため、
洗い出しにおいても一定の線引きは必要だ。

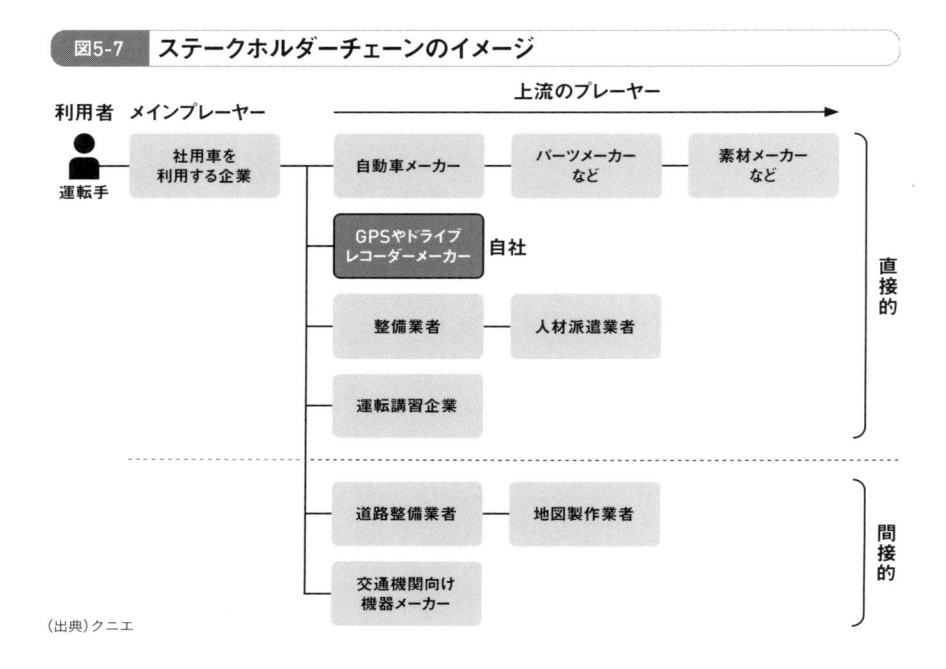

図5-7　ステークホルダーチェーンのイメージ

利用者　メインプレーヤー　　　　　　　　　上流のプレーヤー

運転手

社用車を
利用する企業

自動車メーカー　　パーツメーカー
など

素材メーカー
など

GPSやドライブ
レコーダーメーカー　　自社

整備業者　　　人材派遣業者

運転講習企業

直接的

道路整備業者　　地図製作業者

交通機関向け
機器メーカー

間接的

(出典)クニエ

競合

　ステークホルダーチェーンで抽出したプレーヤーに対する競合先を抽出する。たとえば社用車を使う企業が製薬メーカーである場合、薬を緊急で運ぶ利用シーンなども考えられる。そこで競合となるのは電子商取引（EC）や急な配送を請け負う運送会社などだ。

　競合先もデータマネタイゼーションの候補となるが、実現可能性でいえばステークホルダーチェーンには及ばないため、おおまかにリストアップをすれば問題ない。

マクロな視点を持つ企業・組織

　これまでの作業で抽出された企業を対象に、事業の状況などをマクロ的に分析や評価することがミッションであるプレーヤーもデータマネタイゼーションの候補だ。政府や地方自治体などの公共機関、業界団体、メディア、投資家向けのリポートを発行する金融機関なども含まれる。

4. 活用シーンの洗い出し

　定義した「データの価値」とターゲットを組み合わせて、想定顧客となる企業がデータを活用するシーンを探っていく。ポイントは主に下記の2点だ。

> ・ ターゲットごとに主要な業務とKPIをリストアップ
> ・ それぞれの「データで知りたいこと」について、「データの価値」が該当する場所を特定

　「データの価値」とターゲットを組み合わせることで、想定顧客によるデータの活用シーンを考えるプロセスだ。企業の業務内容や経営指針への理解を深めるため、できるだけ全てのターゲットを対象に各項目を網羅的に調べたい。

　特に知らない業界や企業の主要業務やKPIを探る作業は、難易度が高く骨の折れる作業だ。ターゲットの企業に直接問い合わせるのではなく、メディアやネットの情報を活用しておおまかに集める形が効率的だろう。

項目をリスト化しておけば妥当性を検証しやすいほか、顧客目線で経営方針や課題を考えることで、自社からの見え方だけでは難しい網羅性も高められる。

　データマネタイゼーションの目的の1つは、顧客がお金を払ってでも得たい価値を提供することだ。その価値には、顧客自身が気づいていない「当たり前の不便」も含まれる。客観視によって潜在的な顧客ニーズをあぶり出せれば、マネタイズの実現に一歩近づく。

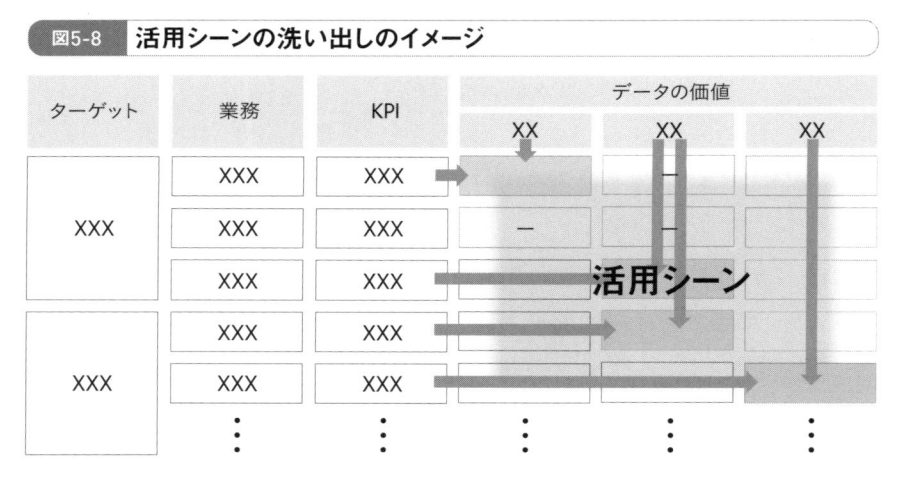

図5-8　活用シーンの洗い出しのイメージ

（出典）クニエ

| 図5-9 | データ活用シーンに対する簡易評価の観点 |

評価観点	事業性	課題の大きさ		データ活用によって解決される課題の大きさ(ターゲット数や業務において課題が発生する頻度など)を評価
		課題の解決度合い		課題に対して自社データの活用の貢献度合いを定性的に評価
		代替手段に対する優位性		同様の価値を提供する競合となる手段に対して優位性(コスト、効率、精度など)があるかを評価
	実現性	自社で完結	既存データのみ	当該活用シーンの実現に、新規のデータ取得または連携が不要
			新規データの取得が必要	当該活用シーンの実現に、自社で新規データの取得が必要
		他社との連携が必要	連携実績あり	当該活用シーンの実現に、他社データとの連携が必要(他社データは連携実績があり、連携が容易)
			連携実績なし	当該活用シーンの実現に、他社データとの連携が必要(他社データは連携実績がなく、連携が困難)

(出典)クニエ

5. 評価と有望アイデア選定

　これまでの作業で集めたターゲットの活用シーンを簡易的に評価して、有望なアイデアを選ぶ。場合により活用シーンの数は数百を超えるため、いったんの評価を簡易的に進めて、後に詳細な市場調査などを実施する。

　事業投資では多くの観点から多角的に検証する必要があるが、現時点のデータマネタイゼーションでは「保有データが売れるのか」がもっとも重要だ。検証する観点は事業性と実現性の2つに絞る。

　事業性はターゲットとなる企業側の見方で、課題の大きさや解決の度合い、代替手段に対する優位性で評価する。実現性は逆に、自社の

保有データをマネタイズするうえで、他社と連携する必要性などを見定める。

　簡易評価によって、より深く検証する活用シーンを選択する。その後の精査で選んだ活用シーンの事業性が疑われる場合は、このリストに戻って再度の評価、選定を進める。

6. 概略企画の策定

　選んだ活用シーンをもとに、今後の詳細な検証と事業計画の立案に向けた概略的な企画を作る。アウトプットでは下記の点を織り込み、推進の判断につなげる。

- ・ターゲット
- ・ターゲット課題
- ・提供価値
- ・活用データを踏まえたサービスイメージ
- ・ビジネスモデルイメージ
- ・市場規模の概算

図5-10　概略企画と事業計画のレベル感

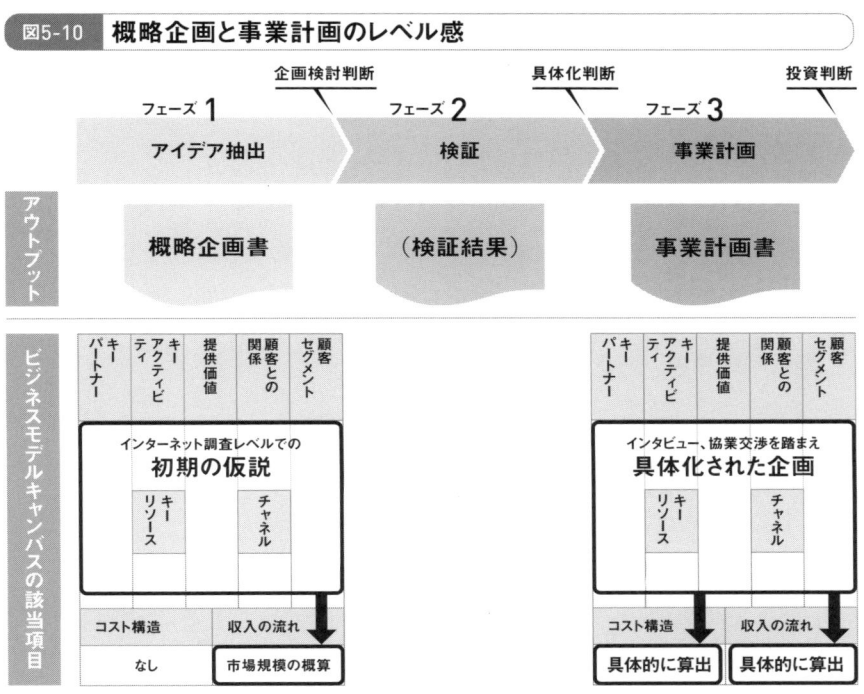

（出典）クニエ

（検証フェーズ）
実現可能性を精査

　自社のシーズをもとに検討してきたデータマネタイゼーションの実現可能性について、より精緻な分析により本質的な顧客課題に迫っていく。アイデアをピボットしながら、保有データの質や量なども検証し、必要であれば他社との協業なども視野に入れる。

1. 顧客課題と価値仮説のイラスト化

　選んだ有望なアイデアについて、イラストやグラフ、図表などを用いてビジュアル化する。サービス開始時のイメージを想定顧客と共有するため、データが課題解決につながるかを想像しやすいイラストなどが望ましい。
　データマネタイゼーションの場合はすでにデータが実在している例が多いため、グラフやイラストを用いると必要な修正箇所の発見などにも結びつきやすい。

2. 想定顧客へのインタビューによる価値検証

　ビジュアル化したアイデアを想定顧客とともに確認しながら、主に下記の2点で価値を検証する。

- 課題の妥当性
- 課題に対してサービスが解決に資するのか

　実際には、本当にお金を払ってでも解決したい課題かどうかを想定顧客の側が想像するのは難しい。顧客へのインタビューなどのコミュニケーションを通じて、可能な限り客観的で合理的、さらに定量的に顧客課題を可視化していく必要がある。

　たとえば顧客の課題が生産における時間短縮である場合、現在の水準と比べてデータ購入後にどの程度のスピードアップが可能かをできるだけ数値を交えて説明する。工数や売上高などが課題の場合も同様だ。

3. マネタイズ可能性の検証

　前述のように、データマネタイゼーションの実現可能性を検証することは、顧客企業が社内向けの稟議書を作りやすく提案する作業と重なる。顧客担当者の意向を確認しながら、提案の精度を高めていきたい。

4. 技術検証

　自社の保有データが、想定顧客に価値を提供できる質・量であるかを検証する。データマネタイゼーションを進める段階で、サービス化に向けたデータの検証を進めたところ、思わぬ穴が見つかったという

例は珍しくない。

　たとえばプローブデータを保有する企業が、コンビニエンスストアの出店計画を考える顧客企業にデータを売る事例だ。

　国道沿いなどでトラック運転手や営業スタッフの休憩ニーズなどを探れる有用なデータだが、対象が商用車であるため夜間の情報量が少なく、顧客企業のニーズに合わなかった。

　コンビニの出店計画には、地域のみならず季節や時間帯といった様々なデータが必要となる。想定顧客が実際に必要とする具体的なパターンの洗い出しと、実際の保有データによる検証作業が重要となる。

5. 協業企業との初期交渉

　自社の保有データのみのデータマネタイゼーションが困難な場合は、他社のデータを購入して組み合わせることも選択肢に入れる。

　協業となった場合は、契約に向けて対象となるデータの詳細や価格、役務、エクスクルーシブ（独占的）条項の有無などを精査する必要がある。

　データマネタイゼーションでは協業によって実現可能性が高まる可能性がある。たとえばプローブデータでは、別の企業が保有する一般車と商用車それぞれのデータを合わせることで、より広い時間帯やエリア、車種などをカバーできる。また、クレジットカードなどの消費データを組み合わせるといった使い方もある。

　データが複数社にまたがる協業であっても、サービスを顧客と契約する場合の窓口は１社になることが多い。ビジネスモデルを考える場合は、顧客にデータを提供する企業が自社か協業先か、あるいは共同

出資などの新設企業にする形もありうる。

　データマネタイゼーションを自社の新規事業とする場合は、想定される新たな競合先への対策として競合先とのエクスクルーシブ契約も検討したい。またデータ流通市場が成熟してくれば、自ら展開するより他社へ積極的にデータを販売していく企業が増える可能性もある。

6. 推進判断

　これまでに検討した事業性や実現性、ビジネスモデルなどをもとに、社内の責任者やステークホルダーに事業推進の判断を仰ぐ。

第4節 （事業計画フェーズ）責任者向けの判断材料を提供

データマネタイゼーションの事業や投資の責任者が、さらに案件を進めるかを判断する。

1. ニーズ調査（定量調査）

これまでの個社ベースの検討を踏まえて、市場規模を定量的に調査して推計する。購入の意思がありそうな潜在顧客を自社のみで探るのが難しい場合は、調査会社への依頼なども検討する。市場規模は今後にまとめる事業計画における重要な根拠となる。

2. 競合・代替品調査

競合先や代替品の存在は、データマネタイゼーションの実現可能性や、今後の値付け作業にも影響する。

利用者の目線に立ち、質・量や価格競争力で勝る競合先や、あるいは利用者が購入には至らず自社の保有データで代替する可能性などを洗い出す。特に競合調査はしても代替品を考慮しないケースが目立ち、データが思うように売れないといったことにもつながる。

3. サービスの具体化

データマネタイゼーションの担当者が中心となり、社内外の関係者と連携してサービスの具体化を図る。システムを担当する部署や社外のITベンダー、営業やマーケティングなどの担当者と幅広く調整しながら、全体の費用感などを試算する。

4. 協業企業との提携交渉

初期交渉を進めて最終的な契約書を双方で締結する。

5. 投資額の算定

試算をもとにRFP（提案依頼書）を作り、システム担当などの関係者から詳細な見積もりを出してもらう。トータルの投資額を算出する。

6. 事業計画の策定

各事業年度における事業の売り上げと費用の収支計画をまとめる。
売り上げについては、前述の市場規模の試算や、たとえばマーケティング活動が浸透する時期（３年後など）の需要予測などから毎年度の計画額を試算するのが一般的だ。費用についても、マーケティング

などの費用や、システム投資にかかる減価償却費などを合算する。

　事業計画には、収支の見通しに加えて想定する戦略的な事業展開（サービスロードマップ）も織り込みたい。取り扱うデータのラインナップ拡充やプラットフォーム化、販売パートナー制度の導入など、幅広いビジネスモデルの展開を視野に入れる。

　データマネタイゼーションは既存のアセットを活用した新規事業という側面があり、ここを起点に新たな事業展開を考えたい。

7. 推進判断

　事業計画を責任者や経営陣に提出し、経営判断を待つ。GOサインが出ればサービス開始の準備を進める。

（準備・リリースフェーズ）最終段階を経て本番化

　データマネタイゼーションのサービス提供体制を整え、リリース準備の段階を経て本番化する。

　すでにビジネスの肝となる要素は定まっており、QCD（品質・コスト・納期）を意識した準備を粛々と進める。

1. サービス構築

　データマネタイゼーションのサービスを構築する。自社データの販売であればデータ抽出のプログラムなどを用意し、インサイトの提供ならばユーザーインターフェース（UI）への配慮なども必要となる。

2. 組織・業務プロセス構築（サービス提供、運用、販売・プロモーション）

　サービスの提供体制を整える。事業責任を持つ部署を中心に、販売・プロモーション、保守・運用などの業務プロセスを細部まで作り込む。サービス開始後のスムーズな運営を目指す重要なタスクだ。

3. システム構築

　サービス提供に必要なシステムを構築する。

4. 初期顧客への提案、契約

　企業向けサービスの場合、リリース前の段階で顧客に提案して契約にこぎつければ、リリース直後からの安定的な事業運営につながる。また簡易的なPoCなどで致命的なシステムエラーを検知したり、サービス改善に向けたヒントが得られる可能性もある。

5. 対外発表

　新サービスの提供開始を対外的に発表する。プロモーションの目的に加えて、データマネタイゼーションの実現に欠かせないレピュテーションリスクの排除も目指す。データの取り扱いに関するガイドラインやオプトアウトの仕組みを、できるだけ多くのチャネルで公表するのが望ましい。

6. 事業化判断

　サービスの品質や提供体制の構築の状況などを事業責任者や経営陣に説明し、事業化の判断を受けて実際のサービスを開始する。

第6節 （グロースフェーズ）リリース後も継続的に改良

　サービスを本番化した後、利用者や市場の反応を継続的に確認する。継続的な改良と、さらなる成長を図る。

　プロモーションや販促などが奏功し、初年度の収支計画を達成する見込みとなっても、サービス改良の手は緩めるべきではない。本番化の前に想定したターゲットや利用シーンが、実際の利用者が課題解決したいニーズとずれているケースは珍しくない。

　本番後に初めて得られる利用者の反応は貴重で、「なぜデータを購入したのか」や「実際に使って不満な点は何か」などがわかれば、研究して早期にサービスに反映して改良できる。不満の放置は、SNSでの炎上といったレピュテーションリスクの増大にもつながる。

　特に大企業にとっては、本番後の頻繁な方針転換が難しいといった事情もあるだろう。データマネタイゼーションにおいては、アイデアを短期間で事業化したうえで市場ニーズを反映しながら改良する「リーンスタートアップ」の考え方を可能な限り生かしたい。

　必要最小限の機能を持つMVPを打ち出して、周囲の反応をみながら戦略を見直す。そうした取り組みを経て、顧客がお金を払ってでも得たい価値を提供できれば、CPAや販売数量を軸としたKPIのもとで継続的な事業成長も視野に入ってくる。

おわりに

　ようやく日本企業がデータで稼げる時代になりそうだ——。2023年夏、データマネタイゼーションを企業で手掛ける実務者らが集まる勉強会に出席した日本経済新聞社の三木朋和は、データビジネスの収益性や成功・失敗事例などをめぐって参加者同士が侃々諤々の意見を交わす議論の場に身を置きながら、ある種の手ごたえを感じていた。

　本書のきっかけとなった会では毎月こうした談論風発が、時に酒を酌み交わしながら続いていた。

　かつて、データマネタイゼーションという言葉が存在しなかったメインフレーム（汎用機）全盛の時代。多くの日本企業はすでにデータを自社の経営に利用していた。インターネットが普及し、個人の生活にスマートフォンやSNSが深く浸透するころには、巨大プラットフォーマーによるデータ活用の成功などもあって、企業がデータを活用することは当たり前となっていた。

　データマネタイゼーションが本格化する素地は、とっくに整っていた。それでも日本企業の多くは一貫してデータの売り手には回らず買い手にとどまった。何度か盛り上がりの兆しを見せたデータマネタイゼーションの波も、気が付けばいつも霧消していた。日本企業が「失われた30年」と称されたのとほぼ同じ年月を、三木は日経新聞の記者や編集者、データ担当など様々な立場で一貫してデータに深く関わりながら、既視感を伴う歴史の繰り返しに少々の歯がゆさを覚えて過ごしていた。

　多くのデータを保有し、多様な収益源の確保にも決して消極的ではなかった日本企業でデータマネタイゼーションが浸透しなかった理由

は、本書でも繰り返し述べたような環境の未整備など、数多く挙げられるだろう。

　しかし最大の要因は、おそらくユースケースの少なさだと三木は考えていた。成功・失敗を含めて事例が増えれば、そこにチャンスを見出す企業が必ず出てくる。企業でデータマネタイゼーションを実現してきた担当者らの生の声は、そうしたモードチェンジへの期待を想起させた。

　本書においても、そうしたユースケースや、現場担当者ならではの発見、実際の導入時の参考となるノウハウを多く取り込むことに力を注いだ。

　勉強会を主催したクニエの天野秀俊もまた、同じ思いを抱いていた。

　2019年に自身の主導でデータマネタイゼーション支援の取り組みを始めた当時、日本企業の成功事例はほぼ大企業に限られていた。中小まですそ野が広がるにはまだ時間を要すると腹をくくった天野だが、ある友人の手掛ける地方の中小企業の取り組みに接して、その考えが一変した。

　もともとは商業施設への出店を希望する小売企業の相談に乗り、最適な商業施設を紹介するという社員数人の小規模なビジネスだった。同社はそうした従来の手作業を一気呵成に全てデジタルへ転換し、全国各地の商業施設のテナントごとの売り上げや集客、費用などのデータをかき集めた。そして、企業がテナント出店時の収益を予測する独自のモデルを作り上げた。

　データを武器に、地方の小企業が海外進出を視野に業容を急拡大す

る様子を目の当たりにして、改めてDX化の効能と、データをただ売るのではなくソリューションなど顧客が求める形で提供することの重要性を感じた。そしてデータマネタイゼーションの実現を阻む「壁」を明らかにしたいと考え、執筆者の和田真洋（クニエ）や榛澤響（同）らと論議を積み重ねた。

　データで稼ぐチャンスは、規模や業種を問わず、どんな会社でも工夫をすればきっと見出せる。これが本書の一貫したメッセージだ。

謝辞

　本書の出版にあたっては、実に多くの方々の多大な協力と支援をいただきました。取材や情報提供などを通じて多くの知見を織り込めたことで、本書はより充実した内容となりました。ここに皆様への深い感謝の意を表します。

　編集にあたっては、日経BPの平井修一氏に多大な尽力をいただきました。平井氏の的確な導きがなければ本書の執筆は決してなしえませんでした。

　クニエの柳澤孝洋パートナーには、執筆初期の段階から議論に加わっていただき、アイデアを形にするための多くの助言をいただきました。新事業の立ち上げにおける貴重な経験を寄稿いただいたNTTの池田大造統括部長には、執筆に関わる多くのヒントをいただきました。

　日本経済新聞社からデータマネタイゼーション勉強会に参加した稲葉健太郎氏（情報サービスユニット・部次長）と野口知宏氏（情報サービスユニット兼編集　金融・市場ユニット）には、完成に至る間に数多くの支援をいただきました。

　データビジネスの見地から見守っていただいた日本経済新聞社の飯田展久常務取締役、田中直巳常務執行役員、勉強会に送り出していただいた米山雄介執行役員（情報サービスユニット長）、笹岡祐一部次長に心から感謝します。

　そして何より、本書を手に取ってくださった読者の皆様に、心からの御礼を申し上げます。皆様の関心と支持が、本書を完成させる原動力となりました。皆様のビジネスにおいて、データマネタイゼーションの可能性を最大限に引き出す一助となることを願っております。

■ 参 考 文 献

永田ゆかり『データ分析のリアル まるごと Q&A』2023年、日本経済新聞出版

PwCコンサルティング『データマネタイゼーション実態調査2024』
https://www.pwc.com/jp/ja/knowledge/thoughtleadership/data-monetization-survey2024.html

EYストラテジー・アンド・コンサルティング『3つのステップで成功させるデータビジネス「データで稼げる」新規事業をつくる』2023年、翔泳社

河本薫『データドリブン・カンパニーへの道 データ・AIで変革を進める企業人に学ぶ』2024年、講談社

渡辺努、辻中仁士『入門オルタナティブデータ 経済の今を読み解く』2022年、日本評論社

大川真輝『DX時代のデータマネジメント大全 DX、データドリブン経営、データ利活用から理解する』2023年、翔泳社

マクロミル 、渋谷智之『データ利活用の教科書 データと20年向き合ってきたマクロミルならではの成功法則』2022年、翔泳社

モハン・スブラマニアム（著）、NTTデータグループ コンサルティング＆アセットビジネス変革本部（訳）『デジタル競争戦略 コンサンプション・エコシステムがつくる新たな競争優位』2023年、ダイヤモンド社

Barbara H. Wixom, Cynthia M. Beath, Leslie Owens, *Data Is Everybody's Business: The Fundamentals of Data Monetization*, 2023年, The MIT Press.

Stephan M. Liozu, Wolfgang Ulaga, *Monetizing Data: A Practical Roadmap for Framing, Pricing & Selling Your B2B Digital Offers*, 2018年, Value Innoruption Advisors Pub.

■ 執筆者紹介

三木朋和

日本経済新聞社　情報サービスユニット　上席担当部長
早稲田大学理工学部卒。1994年日本経済新聞社入社後、約30年間にわたり一貫してデータに関わる。データバンク局、証券部（記者・デスク）で企業財務や証券市場の取材・データ分析を担当。2019年4月に開始したデータジャーナリズムの連載「チャートは語る」を企画。2021年データ報道グループ長。2023年から情報サービスユニット上席担当部長としてデータビジネスを担当

天野秀俊

クニエ　新規事業戦略チーム　シニアマネージャ
早稲田大学大学院理工学研究科修了。外資系コンサルティングファームへ入社し、製造業のサプライチェーンマネジメントを主軸とした数々のDXコンサルティングに従事。2009年よりクニエにて、通信・製造／流通・ヘルスケア・農業・教育等の様々な業界における新規ビジネス企画に従事。2021年にデータマネタイゼーション専門部隊を立ち上げ、コンサルティングサービスの提供、講演を多数実施

和田真洋

クニエ　新規事業戦略チーム　シニアコンサルタント
慶応義塾大学大学院経営管理研究科修了。専門コンサルを経て2019年にクニエ入社。IT、通信、金融等、様々な業界の新規事業を支援

榛澤響

クニエ　新規事業戦略チーム　シニアコンサルタント
慶応義塾大学商学部卒。2021年にクニエに新卒入社。通信・製造・物流等様々な業界における新規事業企画、事業化に向けた検討を支援

データマネタイゼーション
企業の情報資産で稼ぐための教科書

2024年11月6日　第1版第1刷発行

編著者	三木 朋和　天野 秀俊
発行者	中川 ヒロミ
発　行	株式会社日経BP 日本経済新聞出版
発　売	株式会社日経BPマーケティング 〒105-8308　東京都港区虎ノ門4-3-12
ブックデザイン・DTP	中川 英祐 (トリプルライン)
印刷・製本	三松堂

本書の無断複写・複製（コピー等）は著作権法上の例外を除き、禁じられています。購入者以外の第三者による電子データ化および電子書籍化は、私的使用を含め一切認められておりません。
本書籍に関するお問い合わせ、ご連絡は下記にて承ります。
https://nkbp.jp/booksQA

ISBN 978-4-296-11989-9
Printed in Japan
©Nikkei Inc. and QUNIE Corporation, 2024